Guillermo Fesser

Cuando Dios aprieta, ahoga pero bien

Guillermo Fesser

CUANDO DIOS APRIETA, AHOGA PERO BIEN

Cándida, memorias de una asistenta

temas'de hoy.

Primera edición: febrero de 1999
Segunda edición: marzo de 1999
Tercera edición: marzo de 1999

Paseo de la Castellana, 28. 28046 Madrid
Diseño de cubierta: Luis Sanz
Fotografías de cubierta: Nines Mínguez
ISBN: 84-7880-973-2
Depósito legal: M-9.864-1999
Compuesto en J. A. Diseño Editorial, S. L.
Impreso en Lavel, S. A.
Printed in Spain–Impreso en España

ÍNDICE

A Sarah Hill.

Porque, mire hacia donde mire, siempre te encuentro.

Durante muchos años, y especialmente durante una época inolvidable en Nueva York, Cándida me fue relatando sus peripecias. El resultado fue un puzzle, de fichas muy dispares, que tuve que tejer haciendo piruetas en mi imaginación. Ignoro si todo lo narrado aquí obedece a la verdad histórica. No he contactado testigos ni he cotejado los hechos con nadie. Pero sé que Cándida no miente. Ni inventa. Si acaso, por el modo de ser del personaje, puede que algunas veces se produzca un pequeño desfase entre lo que en realidad ocurre y lo que Cándida piensa que está pasando. Éste no es, pues, un ensayo preciso sobre una vida, sino un repaso al modo particular, inocente y tierno que tiene su protagonista de interpretarla. Yo simplemente he recortado, coloreado y ordenado cronológicamente sus historias. Y si, en algún momento, he dado forma a personajes o episodios que aparecían demasiado difuminados en su memoria, ha sido con la intención de hacer posible una biografía que, de otro modo, y puesto que a la protagonista le fue negado el don de la escritura, hubiera resultado impensable. Lo que viene a continuación son, a mi entender, las memorias que Cándida habría redactado si hubiera sabido empalmar palabras sobre un papel.

Quiero agradecer a Mabi Velasco, Quique Balmaseda, Luz Suárez y Curra Fernández sus correcciones y sugerencias.

MIL NOVECIENTOS TREINTA Y TANTOS

Los Pacocos

Yo tenía cuatro años cuando mi padre se fue a la revolución. Mi madre se casó con catorce y a los quince tuvo a mi hermano el Perico. Después nacimos yo, el Quique, y mucho más tarde, estando mi padre ausente, el Manuel. Cosas que tienen que suceder. A nosotros, como éramos nietos del Paco, nos decían en el pueblo los Pacocos.

Vivíamos todos a las órdenes de la hermana de mi padre, Carmen la Chata, que llevaba la mala leche en los gérmenes. Se instaló en la mejor habitación y era más agarrada que la manga de un chaleco. A su marido le metieron en la cárcel y estuvo ocho años encerrado. Luego salió y, al poco, se murió tuberculoso sentado en el sillón principal. Un butacón estilo Luis XL, que ahora le dicen extra largo, la mar de confortable.

En otro cuarto vivían mis abuelos paternos: María la Pellejera y el Perico. A este último todo el pueblo le tomaba el pelo. De que pasaban por delante de la casa gritaban:

—¡Perico!

Y él se ponía:

—¿Qué?

—¡Cuando mates al gallo me guardas el pico!

Un caso digno de mencionarlo. Era la risión popular.

Mis padres, a pesar de ser los dueños de la casa, dormían en la sala con mi hermano el mayor. Los tres en la misma cama. Y a la Cándida la instalaron en el pajar. Encima de un arcón, con una toalla por lo alto, me acostaba todas las noches con un miedo de vuelta y media. Menudas las pasaba... Se me aparecía regularmente la sombra de una vieja con un pañuelo negro que trepaba por las paredes arriba. No hablaba ni nada, era más bien sosa, pero asustaba lo mismo. El día que cumplí cuatro años, como le dio por acercárseme demasiado, empecé a chillar pidiendo los primeros auxilios:

—¡Socorro, que la sombra me quiere matarme!

Mi padre salió con una linterna, recorrió el pajar sin éxito y se metió en el parral con la escopeta cargada. Ya de ahí, sin darnos previo aviso, tiró para la guerra y si te he visto no me acuerdo. Fue nada más nacer el Quique. Entonces nosotros, como estaban las cosas bien revueltas y pasábamos más hambre que los pavos del tío Manolo, nos salimos de Martos y nos fuimos a cobijar a un olivar con muchas otras familias. Colgamos mantas por las ramas de un árbol y montamos un chalet adosado. De noche se sentían pasar los aviones constantemente y, como nos entraba susto en el cuerpo, mi madre nos recetaba una canción para acurrucarnos:

Si mi padre sale de paseo
y se encuentra un borrico perdido
deseguida lo lleva a mi casa
para que el pobre no muera de frío.
Y la gente, que todo lo que ve
deseguida lo echa por lo malo,
van corriendo y le dicen al juez
que mi padre un borrico ha robado.
¿Que mi padre un borrico ha robado
con lo decente que es?
¡Ay!, no digas que eres calé,

que no te dejan vivir,
ni al escribano, ni al juez,
ni al de la Guardia Civil.
¿Qué tienen contra el gitano?
Con nosotros la han tomado
y como no te espabiles
te veras enchiquelado.

Por el día salíamos a rebuscar alimento a las huertas cercanas. Llenábamos botes con tomates, garbanzos, hinojo y una hierba como espinacas que la decían lenguao. Cuando encontrábamos trigo y albejano, lo raspábamos con un ladrillo y lo echábamos a remojo. A mí me tocaba ir a por agua a un chorro que le decían la Teja. Al volver, no había día que no se me apareciese la mujer de negro. Hacía perrerías conmigo. Me movía el cántaro y me lo tiraba. Me presionaba con la mano en la cabeza y me sentaba de culo. Mi madre me aconsejaba:

—Háblale, Cándida, que es alma del otro mundo.

Pero yo, francamente, no quería. No sabía qué decirle a un espíritu desconocido.

—Cándida, venga, pregúntala que qué quiere.

Tan insistente se puso que no tuve más remedio y, entonces, el espíritu, muy amable, me dio una contestación:

—Soy tu difunta abuela la Dolorcica. Enciende un litro de aceite en lámpara y dile a tu madre que rece y cuide más de ti.

Mi madre encajó mal las peticiones porque era de poco rezar, pero tuvimos la suerte de que se le murió una prima y, con esa disculpa, aprovechó para repasar algunas oraciones. Ya quemamos el aceite, aunque no debió llegar a dos dedos de un vaso de vino, y el fantasma se desapareció de momento.

La muerte de la prima fue muy comentada. La pobre se acababa de casar y estaba enamorada de su marido una cosa desageradísima. Se pasaban todo el día juntos, como Romero y Julieta. Eran uña y gato. Pero vinieron a buscarle a él para llevárselo a la mili y ella, de que se vio sola, se quedó hecha un montón, se bebió una botella de lejía, se venenó y se murió levemente.

Fue la tercera pérdida del olivar. Antes pasó lo de la chica que, estando con su novio, se quitó las bragas y se le metió un lagarto para adentro. Decía que estaba en estado, pero no tenía barriga ni nada y se la llevaron al médico. Le hicieron la radiografía y vieron que tenía una salamandra que le estaba comiendo las tripas. No tenía cura. Le dieron siniestro total. La pobre chica y su novio llamaron a los padres y les comunicaron que ellos no podían vivir asín. Les compraron veneno y murieron los dos. ¿Qué otra solución les quedaba?

Es que Martos era una zona infestada de animales reptilíneos. En Jaén teníamos hasta un lagarto embalsamado. Un bicho que se comía a las personas de lo grande que era. A lo visto, un día cogieron un caballo y le colocaron un saco de pólvora arrastrando. Le soltaron por la carretera donde se paseaba el lagarto los domingos y, cuando éste tragó el bulto, reventó. Lo conservaban incorrupto en la catedral. ¡Tenía una cola de miedo!

La visita

Llevábamos ya tres años sin ver a mi padre cuando dijo mi madre:

—Hale, vamos a ir a buscarlo.

A cuatro kilómetros, en Torre Gimeno, había una bruja de esas que aciertan. Pirimista, creo que las dicen. Se la recomendó una señora, que fue a pedir noticias de su marido y le adivinó que se había muerto. Así que mi madre, ni coja ni perezosa, se acercó a visitarla.

—A usted no puedo decirle nada.

—¿Por qué?

—Porque tiene usted una hija que ensueña voces.

Se conoce que la pirimista estaba pasada de noticias, porque el espíritu de la Dolorcica ya no se me presentaba.

—Su marido, por la presente, está vivo y bien de salud. Ahora, si quiere saber más detalles, cuando esté su hija ensoñando, usted le coge el dedo corazón de la mano derecha y ella misma le indicará en qué lugar se encuentra. Pero tenga mucho cuidado, porque si se despierta la niña se podría quedar tonta o sordo-tonta.

Contaba mi madre que, por el riesgo de que me pasara algo, no lo hizo. Pero yo muchas veces pienso que me agarró el dedo bien fuerte, porque estoy sorda perdida desde los nueve años.

Poco después, a la que le reveló que su marido estaba muerto, tuvo carta de él, que estaba vivo y coleante. O sea, que, aunque la de Torre Gimeno era bruja, a veces se arrepentía y no atinaba. Era bruja de todo a cien. Medio medio.

En ese periodo se conoce que pusieron la guerra en pausa y también escribió mi tío. Informaba de que estaba en Colmenar de las Orejas y de que mi padre se encontraba acuartelado con él. Le contestamos que íbamos y nos pusimos en camino. Como era la contienda y esas cosas, nos cogieron en un camión. Cuando llegamos les vimos sentados en el borde de la carretera mirando pasar la cabalgata. Se les acercó mi hermano y les preguntó:

—¿Ustedes saben dónde puedo encontrar a Pedro Villar del Caño?

Mi padre se quedó asombrado de verle. Como era tan pequeñito cuando se marchó...

—¡Hijo mío, pero si eres mi hijo mío! ¿Es que no conoces a tu padre?

Y se abrazó a él, pero el Quique no apretaba mucho porque no le reconocía desiquiera.

Estuvimos una semana de visita, hasta que se enteró mi madre de que su marido estaba durmiendo con otra en el frente y nos regresamos al pueblo. No volvimos a saber más nada de él hasta quince o dieciséis años más tarde. De pronto llegó una postal de Francia pidiéndole a mi madre que disculpara los erróneos, que se arrepintiera y que se fuera otra vez con él. Mi madre contestó que no. Que ella se tenía que morirse en su pueblo y que él se estuviera con la otra. Que si él se había ajuntado con la otra, que se buscara otra más, que ella ya no. Escribía mi padre en la carta: «Me gustaría saber cómo es mi yerno y si es bueno para mi hija la Cándida.»

Le mandamos documentación precisa y una foto de mi pequeña, la Nati. Asín nos enteramos de que estaba casado en Francia y tenía hijos crecederos. No dijo de venir por Navidad ni nada. Mucho después, cuando nació mi Marianín, fue cuando dieron aviso de que había fallecido. Estaba yo trabajando en la pescadería cuando le mandaron a mi madre la fe del muerto, que la tengo colocada en casa al lado de un reloj paellera, que las agujas son dos cucharas de palo. Dos mil ciento ochenta me costó el marco. Murió de pulmonía en el hospital de Franfur. Nos enviaron un telegrama de Francia diciendo que nosotros éramos los herederos. Era un cheque de pago en color rosa que ponía: «Esposa e hijos, herederos legítimos. Desen ustedes prisa en arreglar los papeles y firmarlos antes de quince días.» En la embajada alemana nos lo confirmaron:

—¡Besan fortuna!

Es que mi padre hizo dos guerras y estaba jubilado de las dos. En Francia le dieron un tiro que le atravesó la cabeza y perdió el oído y en Alemania le traspasaron la pierna. A cada una que fue tuvo la fortuna de que le atravesaron algo, con lo que le quedaron dos pagas. Había dejado cuatro o cinco millones. ¡Mucho dineral! No veas lo contentos que nos pusimos. A mi hermano el Quique le recomendaron un abogado. Fuimos los cuatro en un tasis y firmamos ante un notario como testigos. Yo me acerqué a Correos a echar los documentos por la vía telegráfica y le llevé el resguardo al abogado. Me dio grandes esperanzas.

—Ya les avisaré cuando manden el dinero.

Todavía estoy esperando que nos avise, y hace por lo menos treinta años. Desapareció sin dejar huellas en el pasamanos de la escalera. A los dos meses siguientes fui a ver si sabía algo y ya no estaba. Que se había ido y no sabían a dónde. Asín que nos quedamos a verlas venir. Un disgusto malísimo. Nos engañó para que firmásemos la renuncia y entre él y la viuda ilegal de Francia se repartieron el botín. Tenía mi padre un reloj de oro muy hermoso, un anillo de joyería, no sé yo cuántas cosas y... ¡nada! Estaba mi madre deseando pillar algo y... ¡nada! Ni la viudez desiquiera. Todo se lo llevó la otra.

El retorno

A mi tío Antonio, que tenía un chorro de higueras, le dio lástima de vernos sin padre y, al cambio de cuidarle los higos, nos cedió un trozo de tierra para sembrarla de melones. La oferta nos vino como anillo al pelo. Hicimos la mudanza del olivo a una cueva de piedra en el melonar y allí nos tiramos no se sabe ni los meses. Nada más que de sembrar y de sembrar melones. ¡Una cosa mala! Mi madre salía al campo a buscar leña, el Perico iba a vender la fruta y el Quique y yo nos quedábamos haciendo pan de higos. Asín, cuando llegaba el tiempo de ir a recoger la aceituna, ya teníamos la comida lista para llevarla en el macuto.

Cada dos por tres teníamos alguna enfermedad y nunca nos curábamos del todo porque mi madre, en lugar de medicinas, nos compraba una torta del Alcázar. Era de aceite, de estas finitas que llevan matalasuvas y anisetes por lo alto. Nos la dejaba a los tres, pero se la comía sólo el Perico, que era el mayor y el más rápido. Al médico no fui más que una vez que me hice un socavón en la rodilla. Le llamaban el doctor Cabezón porque tenía una cabeza que parecía un globo de gas, pero a él no le molestaba. Por la calle se escuchaba mentarlo a la gente:

—¿Adónde vas?

—A la consulta del médico Cabezón.

Y asín era lo normal.

Al terminar la revolución volvimos a la casa. Mi abuela María, tan cariñosa, se llevó una alegría tremenda de vernos y se murió de la emoción. Entonces se apoderó de la vivienda la tía Carmen y nos hizo la vida imposible. La Chata se comía las cosas delante de nosotros, masticando despacito, y no nos ofrecía alimento alguno. Encima, a mi madre la trataba a cara de perro pretendiendo que la casa era de su hermano, no nuestra, y que teníamos que marchanos. Ya ves tú que egocéntrica. ¡Si tenía otro piso que le dejó mi abuela de heredera!... Pues quería las dos casas: la que hacía un patín en la calle de la Peña y la que estaba por frente de mi prima la Pellejera. Una cosa digna de verse. Esto se lo cuentas a un calvo y te dice que no le marees que lleva prisa.

Por aquel entonces salió de prisión el marido de tía Carmen y el pobre se quedó frito sentado en la butaca. Yo digo que fue el botón del respaldo, que, como le faltaba el relleno y tenía sólo la hojalata, se le clavaría en la carne provocándole un corte de digestión. Le enterramos y a ella le duró la pena un par de noches, ya que al poco se casó con el hermano del difunto. Ocurrido este hecho, la bota colmó el vaso y mi madre dijo de irnos. Particieron los muebles y todo se lo quedó la Chata. No nos dieron ni una silla. A la familia de mi padre no tenemos que agradecerle ni una sed de agua.

Finalmente encontramos cobijo en la calle Pilarejo. Una tía de mi madre nos invitó a instalarnos con ella tan ricamente, pero, contra todo pronobis, la alegría duró sólo tres días. Nada más meternos, la vieja cambió de opinión diciendo que estaba muy mayor y nesecitaba retirarse a un asilo. Dije yo de cuidarla personalmente y, aunque agradeció el cariño, comentó que para nada. Habló con las monjas y le hicieron un contrato por el que, a cambio de hospedarla en el convento, se quedaban con su vivienda, así que tuvimos que salir a toda prisa. En la Aguazona Alta alquilamos una casa que no tenía más que una habitación con un colchón en el que dormíamos en redondo los cinco: mi madre, mis hermanos, yo y un primo arquitecto de obra.

Perico «El impedío»

A los siete años me tiraba todo el día en la calle. No sabía ni leer ni escribir. Estaba hecha una alfabeta de manga entera. Me lo recordó una señorita de la catequesis:

—Cándida, vete al colegio.

—Es que tengo que ayudar en casa porque a mi hermano el mayor le ha mordido la mano un marrano.

El cochino le mordió al Perico cuando mi madre conoció a don Felipe, el padre de don José, el que fue ministro. Mi madre estaba sirviendo en el Imperio, el hotel del «Pelotas», haciendo camas, fregando y dejándose la piel en el pellejo. Don Felipe tenía cabras y muchas tierras y, desde que murió la mujer, estaba viudo y parando allí de vacaciones. Cosas que tenían que suceder... Mi madre, por una trampa, o lo que fuera, tuvo a mi hermano. Asín que el Manuel es hermanastramente.

Después del episodio con mi madre, don Felipe se casó con la viuda del Pelotas y al poco tiempo, saliendo del cine, le dio una taquicardia y, ya ves, cayó germinado. Pero el hombre se murió sin conocer la verdad, porque mi madre, nada más caer en estado, se salió de trabajar. El que se lo olió hasta el fondo fue su hijo don Domingo, el que tenía en Martos una fábrica de aceite. Se dio cuenta porque el chico salía mucho con sus hijos y se notaba que tenían todos la misma cara. Ahora no hay más que mirar una foto. Tiene toda la cara, toda la cara, al ministro. Y calvorota lo mismo.

El Perico tenía diez años cuando se colocó de porquero. Estuvo guardando cochinos por el campo en una casería grandísima y, claro, aunque él les hacía frente, los marranos resultaban en comparación muy grandes para su tamaño. Se ve que uno que estaba muy rabioso se abalanzó sobre él y lo despedazó completamente. Estábamos comiendo en el hotel y vimos pasar un coche con un herido en la baca.

—¡Ay, si ése parece mi hermano!

Fui corre que te corre a la fonda que estaba a la vuelta, llamé a mi madre, y era el Perico. En la herida más chica tuvieron que darle catorce puntos de soltura.

Estuvo ingresado en el hospital un tiempo. Después ya, cuando hizo la mili, se marchó a Avilés a unas minas que las llaman La Campana y se quedó sordo perdido. Tiró para Barcelona de feriante vendiendo melones por las calles, conoció a mi cuñada, que era de Alba de Tormes, y se casaron. Se colocaron en la residencia de las monjas de la caridad, ella en la cocina y él de mozo, limpiando los cristales, haciendo chapuzas y descargando camiones. Lo que podía permitirse, porque se había quedado parcialmente impedío. Se conoce que le paró un señor por la carretera:

—¿Me podría usted ayudar?

El alto se lo dio un camionero que había pinchado. Mi hermano le estuvo ayudando a poner la rueda de repuesto, se le escapó el gato al agua y le cayó todo el peso del camión en el brazo. Se le partió por tres sitios y, para cuando el otro atinó a sacárselo de debajo de la rueda, ya se le quedó inútil. Once mil pesetas le da el del camión de limosna todos los meses. Eso es lo que cobra. De paro no le quedó nada porque fue un trabajo voluntario. Ya ves, toda la vida faenando para nada... Tienen cuatro hijos: el Paco, la Mari Altonia, la Josefina y la Marisa, que es soltera. Están todos muy bien y tienen nietos que son albañiles.

Las Aguazonas

Yo conocí el frío en las Aguazonas. Aquello estaba en lo alto de la peña y para las Navidades siempre caía un nevazo tremendo. Durante los inviernos teníamos que ir las vecinas con una pala apartando el hielo. Nevaba una cosa mala. Tardábamos lo menos cuatro o cinco días en poder salir a la calle. Ahora, que tampoco te creas que estábamos deseando, porque allí había más tontos que otra cosa. El más mentado era el Pisapedos: un primo mío muy bajito que salía a pasearse y era enano. Tenía los dedos de los pieses asín y los de las manos igualmente y, sin en cambio, se casó con una tiarrona gigante. Iba andando y parecía un topo. Como los que salen en el circo. ¡Lo mismo! El único en mi familia que salió tan perjudicado de altura. Ya ves. Otro se apellidaba Gamba y le gritábamos por la calle:

—¡Hay langostinos a la plancha!

Y él se enfadaba:

—¡Tu madre!

Era tan gordo que iba andando una cosa mala. No había en el comercio pantalones de su talla. Le quitabas la cabeza y salía rodando igual que un tonel. Era miope. De estos que ven de noche y de día no. De los que tienen el pelo muy blanco, muy blanco. Albano total. Iba siempre por la calle nada más que haciendo asín y no veía ni gorda.

Mi hermano el Perico subía a la Sierra Morena por carbón y yo iba a venderlo por las casas. Veinte duros, doscientas pesetas, lo que me querían darme. Un kilo, dos kilos, según. Lo llevaba en una cesta de esas de esparto que había antes. Un esportillo le decían. Tenía clientes en el Barco, en la calle Mora, en los Techaíllos... Gentes pobres, sin posibles, como nosotros.

En la Nochebuena íbamos las chicas por las casas cantando villancicos. Cogíamos un cántaro y le poníamos en la boca el pellejo de un conejo, le hacíamos un agujero en el culo y, metiendo una pajita de caña, ya teníamos armada la zambomba. Yo tocaba una botella rizada, de esas de anís, con una cuchara, y las otras se apañaban chocando tapaderas de la olla a modo de platillos. En unos sitios nos daban un poquito de turrón y en otros un pastel o una copita. Según. Lo que no hacíamos era dormir, porque en Martos se celebraba mucho esa festividad. Primero asistíamos a la misa del gallo Claudio y luego nos pasábamos toda la noche por la calle cantando y subiendo a las casas. Allí no dormía nadie ni en Nochebuena ni en Nochevieja. Se cantaba:

No hay que dormirse,
no hay que dormirse,
la Nochebuena es para divertirse,
y el que se duerma será multado
con mil pesetas de mantecado.
Con mantecado, dulces y miel
van los pastores para Belén.

Las calles estaban abarrotadas de parejas que se acompañaban con los botellines de cerveza, la botella de champán o la garrafa de coñac. Nosotros les parábamos amistosamente y les recitábamos una canción para que nos soltasen las perras:

La vecinita de enfrente
ha tomado la costumbre
de limpiarse las narices
con el tranco de la lumbre.

Sale uno y salen dos,
salen tres y salen cuatro,
pero no sale tu padre
que es el rey de los borrachos.

Lo pasábamos muy bien. A ver, cantar era la única diversión que teníamos. En todas las épocas del año. En primavera, de que se iban los hielos, ya empezaba la actividad en el barrio. Bajábamos las chiquillas y nos poníamos a hacer corros.

Junto a mi casa vivía una vecina a la que le decíamos la Comadreja porque no se peinaba nunca y estaba muy guarra. Y enfrente estaba la Urraca, una tía muy negra. La primera tenía un gato que estaba todos los días comiéndose el pescado de la otra. Villica la Urraca limpiaba los boquerones, que a la gente era lo que más les gustaba allí de comerlos, y ponía las cabezas en la ventana. De que iba a echarles mano, el plato limpio. Ella venga de arreglarlos y ponerlos en remojo y el gato que se los comía. Conque ya estaba harta y un día vino el felino, lo estuvo acechándolo y le pegó un palo. Cuando pasó, ¡catapúm!, el porrazo en seco en el cráneo superior de la cabeza. Lo introdujo en un saco, se lo llevó al campo, le quitó la piel y lo puso al sereno toda la noche.

A la mañana siguiente, la Comadreja salió en su busca:

—¿Has visto a mi gato, Villica?...

—No, Dolores, yo no lo he visto.

—¡Qué bien huele!

—Estoy haciendo arroz con conejo. ¿Quieres probarlo?

—Bueno.

Se comió la tajada y dijo:

—¡Qué rico que está!

Desde entonces ya no faltó el pescado más. Ya había boquerones todos los días.

La llegada del verano la anunciaba el trapero, que aparecía colina arriba pregonando en su borriquillo:

—¡Niños y niñas, tirarse al suelo y romper mandiles para Pepe el trapero!

El que tenía algo se lo bajaba y el que no, pues a vivir que son dos días. Yo, nada. ¿Qué iba a bajarle si estaba deseando tener un trapo nuevo para ponerme? Yo no estrené zapatillas hasta que hice la primera comunión. Fue a los doce años. Dije que quería hacerla y junté los papeles. Una condesa que mi madre conoció en el hotel Pelotas y que ha muerto loca en el asilo de Jaén me compró un retal y me confeccionó mi madre un vestidito corriente de color rosa. La celebré con el Perico en la iglesia de Santa Marta, la santa que tiene tren, pero no tiene tranvía. Había muchos niños y estuvo francamente bien. El cura nos dijo que éramos orgullo nacional y vivero de riqueza y al salir nos dieron un chocolate en los locales del Auxilio Social, que eran los comederos donde solían parar los pobres. Delante de la taza recapacité sobre mi vida y vi que se me pasaban los días pidiendo dinero. Nada más que de pidil, porque a mis hermanos había que darles una alimentación sana y equilibrada. Recién comulgada, tuve claro que asín no podía seguir, que lo que yo nesecitaba era aprender un santo oficio y, ya, comenté de colocarme.

MIL NOVECIENTOS CUARENTA Y ALGO

La primera casa

Me admitieron de muchacha en una casa entre la Carrera y el Arbollón, en una zona que la llamaban «Los techaíllos». Era como una pensión donde se quedaban los artistas a convivir. Yo iba a los mandados y me encargaba de la compra. Hacía las camas, fregaba los cacharros, lavaba la ropa y la planchaba, limpiaba la casa y hacía de todo. El marido era maestro albañil y tenía un hijo vago. Como no quería trabajar se fue a la mili y, al ver que allí pagaban, se hizo teniente legionario y se casó con una del pueblo donde acampaba la legión. El otro hermano, el que me puso la mano encima, que me rompió el brazo, se casó con una prima mía que vive en Bilbao. Le decían Antonio. Con él bailé por vez primera y por última, que ya no he vuelto a hacerlo. Era baile de parejas. El Antonio, que era muy guasón, me puso la mano aposta y tropecé, con la mala suerte de romperme la muñeca. A partir de esa tarde soleada se me quitaron las ganas de bailar para siempre. Una pena, porque los señores organizaban unas juergas flamencas de primera división.

Estando escayolada vinieron a la pensión unos alemanes que montaron un circo en Martos. La payasa del grupo se tomó deseguida confianzas y empezó a darme órdenes:

—Anda, Cándida, vete usted y me traes unos *sugos.*

Lo pronunció de una manera que no me enteré, porque a los alemanes no se les coge ni una patata. Son de estos idiomas cerrados cerrados que, aunque prestes atención, no te enteras de lo que te dicen. Pero, al decir «sugos» yo imaginé que se referiría a besugos y me fui a la pescadería.

—Déme un kilo, señor Amancio, y que estén bien peladitos.

Les quitó la escama, les quitó la cabeza, les quitó la cola y les quitó hasta la raspa. Bien preparaditos que dejó a los cetáceos. Llegué a casa, se los enseñé y creí que a la alemana le daba un ataque de arrebato.

—¡Esto no es lo que le he dicho! ¡Uh, uh, uh!...

Una cosa digna de observar. Venga a brincar por el pasillo, gritando y laudando como los perros.

—Bueno, señora, si parece que cante el lobo.

Conque me hizo asín dibujos en el aire, dando vueltas de montaña rusa con los dedos.

—¿Cohetes? ¿Quiere que le traiga fuegos de artificio?

Pues nada. Seguía lo mismo, moviendo las manos como culebras.

—¿Anguilas?

—¡Sugos! ¡Traeme unos sugos!

—¿Caramelos Sugus? ¿Sugus de Suchar?

No conseguí entenderla, hasta que otra payasa que había allí, que sabía el español medio medio, se puso a hacer traducción simultánea:

—Lo que quiere son churros.

—¿Churros? Como no me hable en castellano, mí no comprender.

—Tallos, mujer.

—Aaaamigo.

Es que ese término popular de *churros* jamás en la vida se había escuchado en Andalucía. Allí son tallos. ¿Por qué iba a tener que saber yo que en alemán *tallos* se dice *churros*? Los alemanes se partían de risa, pero yo estaba escamada. Pasé un mal rato que me acompañó el resto de la semana. Era una cruz el estar con ellos.

Otro día se puso malo uno de los titilitelos de la función. Era el cantante de la compañía y me preguntaron que por qué no me animaba a representar yo su papel. Lo medité y acepté de inmediato:

—Bueno, pues yo saldré.

A toda prisa me hicieron memorizar de memoria la canción:

La mujer de don Cándido Gomándigo chupiticuándigo
tiene una mona
que le tira del rabomándigo chupiticuándigo
cuando no coma.
Y la mona le dice: «Anda, ladrona,
no me tires del rabomándigo chupiticuándigo
para que no coma.»

Aparecí en escena cantando muy entusiasmada y fue un éxito negativo. A ver... Si ni me había dado tiempo de estudiar la copla. Empezaron tirándome tomates y terminaron arrojándome las sillas:

—¡Fuera, fuera! —gritaban.

—Bueno, pues ya me voy.

Regresé a la pensión y ya nada volvió a ser lo mismo. No duré mucho. Al poco los dueños se quedaron muy pobres y no me quedó más remedio que de salirme de esa casa.

* * *

Entré en la calle Campiña contratada en exclusiva para los recados y la manutención de la vivienda unifamiliar. La señora, hermana del médico Cabezón y separada de su marido, vendía lotería. En el recibidor tenía una ventanilla y desde la misma casa dependía los tiquetos de la suerte. Se lo tenía muy bien montado. A sus hijos los cuidaba otra que venía por horas. Se llamaba la Isabel y trabajaba de asistenta en el barrio de las casas baratas, unas construcciones del Estado donde los aquilinos no pagaban alquiler.

La vivienda de doña Cabezona resultaba grandísima. Tendría seis habitaciones o menos repartidas en tres plantas y yo dormía en la guardilla. Por la mañana, si me quedaba dormida, la señora me tocaba un silbato para que sintiera el pitido y bajara deprisa. Una señora buenísima y muy práctica. Me obligaba a ponerme un uniforme azul marino con el delantal asín en blanco y me mandaba a por la leche a la calle Real. Una leche de vaca muy blanca que la traían de un cortijo mensualmente todos los días.

Yo compartía cuarto con un hurón. Un bicho de esos que huelen mal y se meten en las madrigueras a cazar conejos. Se lo encontraron una vez en el campo y lo tenían domado. Era de color marrón claro, tirando al café cortado. Un diseño muy bonito de animal. Pero que olía... ¡Ay, qué olor echaba!... Yo lo enrollaba en un trapo para sacarlo de la jaula y lo ponía en la pila para ducharlo. Con sumo cuidado, porque esos bichos pican. Duró hasta que lo llevaron de caza. Se le perdió la campanita y no volvió más. Como tienen tantas salidas los conejos, no pudieron ver por qué agujero se había marchado. Asín que aproveché para ventilar la guardilla.

La señora doña Cabezona compraba unas revistas de moda que me se hacían muy buenas a la vista. Se veían fotografías de modelos con peinados espaciales y no tuve más remedio que pedirle la primera paga por adelantado. Le dije que era para comprame unas zapatillas y, en cambio de las zapatillas, me eché la permanente. ¡De que me presenté ante mi madre con el pelo rizado me dio una paliza de miedo! Además, no te creas, que en la peluquería me quemaron la cabeza a base de bien. Todavía tengo la calva de recuerdo. Se conoce que usaron un líquido muy fuerte y ya no me ha crecido el pelo ahí más. Era como los papelitos éstos del bicarbonato, que los liaban en unos palitos, y me se salieron los pelos con la raíz de cuajo. El desastre resultó bien grande. Ya ves. Yo sólo quería ir a la moda... y me sacudió mi madre con la alpargata a tutiplén.

Con la hermana Cabezona de doncella duré poco más. Me echó deseguida diciendo que era muy pequeña y no valía para desempeñar el cargo. Una injusticia total.

* * *

Me dieron aviso de que la Burriona estaba buscando chica en la calle de la Teja. Era un matrimonio solitario que vivía de lo que producía en el campo. Tenían parras y olivares de frutas. El marido salía temprano con los mulos y yo iba con la señora a comprar a la plaza. Un sitio estupendo, pero caí gravemente enferma. Me salió un bulto en la ingle y me tuvieron que operarme. Como en los pueblos tienen los dormitorios arriba y el comedor y la cocina abajo, de tanto subir y bajar, bajar y subir a las críticas horas me salió en la pierna una etnia. El doctor emitió su veredicto:

—Esta chica está etniá.

Me operó la enfermera del camino de la estación en el hospital de La Tranquera. Me mandaron de recuperación que no podía ponerme depiés ni trabajar. Conque, como era el tiempo de la matanza, la Burriona me cambió de encargos:

—Cándida, usted estáse aquí sentada pelando cebollas.

Y tantas pelé que no tuve más remedio que ponerme buena de momento, no fuera a ser que tuviera que pelar más.

Para cuando sané, que me iban a hacer fija, fue el señor y le dio por morirse. Menudo disgusto. Ella vendió la casa y se fue a vivir con una sobrina. Al despedirse de mí, me dijo adiós y que no me preocupase que ella se encargaría de colocarme en otro sitio. Me recetó a un matrimonio en el Baíllo. Eran tratantes de burros y eso. Gitanos. Él primeramente había sido capataz de la señora y, como se puso viuda, se casó con ella. Lo normal.

Era una casa grande, con un campo grande grande que tenía higueras. Yo no hacía más que echarles de comer a las gallinas, barrer la puerta y atender a los pedidos. La señora estaba ciega de la vista por un problema en los ojos. Tenía cataratas y era una tacaña de aquí te espero. Como veía menos que el león de las Cortes, no iba a la compra ni nada. La poca comida que había la tenía encerrada bajo llave y el candado estaba oxidado. Allí, de rezar el rosaurio a todas horas y de cenar sopas de ajo no salíamos. Menos mal que yo limpiaba las gallinas y me hartaba de huevos crudos. Es que la tía era más agarrada que las lentejas quemadas al fondo de la olla expresa.

Aguanté unos cuantos meses. Yo no había oído nunca mentar una cosa más desagerada. La llamaban la Rabanita, pero que le hubiera venido mejor llamarla el espárrago. Para la matanza cogió cuatro doncellas. Trabajábamos todas a base de bien y no nos daba a probar ni un chorizo. Todo lo guardaba en una orza. Nos tenía esclavilladas. Conque un día dijeron de darle un escarmiento y le contamos que habíamos visto una rata.

—¡¿Una rata?!

—Sí, señora. En la orza donde guarda la matanza.

—Pues hay que tirarlo todo.

Y bien que lo tiramos. Estuvimos comiendo sarchinchón, a escondidas, el resto del año.

Luego estuve en casa de Trepartares, muy nombrados en la localidad por ser dueños de cuatro cines. Unos de invierno y otros de verano. Habíamos tres doncellas: la criada, el cuerpo de casa y yo. Lo mío era barrer las puertas, y ahí es cuando me empezó a perseguir un novio que luego ya me perseguía sin descanso, en horario ininterrumpido de mañana y tarde. Semana tras semana, los quinientos veinte días del año. El chico vivía en mi calle. Era un mellizo, de esos que tienen un hermano semejante. Tenía dieciséis años y no pegaba un palo al agua. Un gamberro que estaba a costa del padre nada más. No hacía que de preguntarme que si lo quería y yo venga a decirle de que no. A primera hora de la mañana, cuando salía con la escoba al portal, ya me esperaba él con la taleguilla al hombro.

—Cándida, me voy a trabajar.

—Pues vete, que yo no te veo trabajando.

—Es que si no me quieres me voy a quitarme la vida.

Sacaba la navaja del bolsillo y se la aproximaba al cuello, con la historia de que se iba a arrancar la nuez moscada si yo no contraía matrimonio nupcial con él. Muy insistente el hermano mellizo. Incluso, mucho después, estando ya casada y con hijos, me escribió una carta manografiada en un sobre blanco con rayas rojas y azules por los bordes. Dentro adjuntaba una foto suya con una dedicatoria muy estudiada:

«Para la Cándida, desde Madrigal de las Altas Torres, cuna de Isabel la Católica, con recinto circular, estas líneas llenas de recuerdos feraces y pintorescos.»

Dado el vínculo del matrimonio, a mí aquello no me pareció adecuado de una persona razonable y, en la primera ocasión que tuve la oportunidad de encontrármelo, se lo expuse claramente:

—Pero bueno, ¿a ti no te da vergüenza de escribirle a una mujer casada?

—Hombre, Cándida, ya que no he podido esposarme contigo, al menos que tengas un recuerdo póstumo.

Una cosa mala. Para deshacerme de él tuve que poner los pies en polvo rosa. Sin avisar a nadie me marché a Jaén andando. Me fui por la mañana y por la tarde había llegado. Son sólo veinticuatro kilómetros. Nada. Está Torre Gimeno, Torre del Campo y, de frente, la capital. Dando vueltas sin rumbo desconocido me encontré a un chico muy simpático que me llevó hasta una fonda. Me convidó y se fue para casa porque estaba de novio con otra. Hicimos una amistad buenísima. Le vi otras dos o tres veces y ya no recuperé su pista hasta muchísimo después, cuando salí convertida en moza del colegio. Eso sucedió muy posteriormente. Resulta que fui al mercado y le encontré vendiendo pescado y peces marítimos. Se llevó una sorpresa enorme. Me conoció de pronto y empezamos a salir. Sin en cambio, aunque él ya estaba casado, no me lo confesó. Fíjate, él hecho un mentiroso y yo, como vivía en la iznorancia... No me acuerdo ahora como se llamaba el novio ése. Es el padre de mi Nati.

Jaén

En Jaén estuve dos o tres días vagando por las calles. No comía nada. Mi madre dio cuenta de mí y me mandó a buscar. Me encontró un inspector de policía durmiendo en posición de feto encima de un escalón. Informó a las autoridades de que yo debería de estar en un colegio y decidieron meterme en el convento de Santa Clara, mesón de caridad de la protección de menores.

Era un sitio piloto adonde mandaban a las chicas que revoloteaban por la tierra. Como una casa de recogimiento.

Habíamos cuatro. Una de Linares, que su madre estaba coja con una pata de palo. Otra que le decían la Trinidad y que, al no tener padres reconocibles, permanecía atenta a las órdenes de su tío el sacristán de Martos, que la criaba personalmente. Otra muy mayor que estaba ennoviada con un señor casado y se conoce que la madre era enemiga acérrima de la relación y la metió en el reformatorio para evitarlo. Y la cuarta era yo misma.

Mandaban madres de la Caridad; asín que todo el santo día lo pasábamos encerradas, sin otra actividad que la de rezar y rezar. Dormíamos en un cuarto con colchonetas por el suelo. Nos levantábamos temprano e íbamos a misa. Hacíamos la habitación, nos peinábamos y nos distribuían: las de la derecha a coser y las de la zoqueta a cantar. A mí me colocaron en el ropero repasando los hábitos y la ropa de calle. Hacía punto de cruz, lagarterana, pespunte, gallinita ciega y camisones de canesús, de estos como de hombre, para las monjas. Cosía también velos y juegos de cama para venderlos. A media jornada venía la señorita de la catequesis y nos daba clases que teníamos que aprendernos de carrerilla. Ella preguntaba:

—¿Qué argumentos pueden aducirse en pro de la divina religión de la Santa Iglesia?

Y nosotras repetíamos, todas al unicornio, al mismo tiempo:

—Primero, que en la hora de la muerte nadie se ha arrepentido de ser católico, y sí muchos de no serlo. Segundo, que los más furiosos enemigos de la Iglesia han reconocido su verdad en momentos de lucidez y, tercero, que casi todos los hombres de los siglos cristianos han sido católicos, y los pocos disidentes han hablado de la Iglesia con elogio.

Al acostarnos, el hermano portero nos leía cuentos, poesías y cosas de escribir:

Estando una noche en vela
cayó un marinero al agua.
Se le presenta el demonio
diciéndole estas palabras:

—¿Qué me da el marinerito
si yo te saco del agua?
—Te doy todos los anillos
y a mi mujer por esclava.

—Yo no quiero los anillos
ni a tu mujer por esclava,
que quiero que, cuando mueras,
a mí me entregues el alma.

—El alma la entrego a Dios
y el corazón a María
y los huesos al demonio
por no salvarme la vida.

El hermano portero era uno que se había casado con una monja arrepentida. Una que se salió de ser madre pero seguía en el oficio de la religión. Una noche se quedó dormido con el libro en las manos y le quitamos las llaves. Abrimos y dejamos que el aire del exterior nos inundara. La libertad nos fuimos a festejarla a la feria de Linares. Tardamos un día entero caminando. Estaba muy bonita, con los puestos de colores y las botellas de manzanilla, y lo pasamos de miedo. De madrugada nos retiramos a la chabola donde vivía la madre coja, con la sana intención de saludarla. Era una cueva. De que nos vio, a la mujer se le pusieron los pelos como escarpias:

—¡Ay! ¿Cómo os habéis atrevido a escaparos? ¡Como os cojan os van a castigar!

—No se preocupe, señora, si vamos a volvernos deseguida.

A ver, regresar era lo suyo. No teníamos ni qué comer ni dónde echarnos una siesta de verano. Planeábamos el retorno inmediato y asín intentamos hacérselo entender, pero ella reaccionaba con aspavientos racheados, brincando de un lado al otro de la gruta con la pata de madera, como si fuera un tentetieso.

—¡Os vais a meter en un buen lío! ¡Ay, como os cojan!

En el intento de tranquilizarla nos hallábamos, precisamente, cuando nos capturó allí mismo una señorita catequista:

—¡Quedarse quietas paradas!

Y otra vez a Jaén. Vuelta a rezar y a rezar. A la vista del panorama organicé una protesta reclamando que queríamos estudiar y surtió efecto. Nos arreglaron los papeles a las cuatro y nos metieron linternas con las monjas Idolatrices en Málaga. Estaba de trece para cumplir catorce. Me puse contentísima, puesto que yo había sido desde siempre muy amiga de ir al colegio. Además que quedaba en un sitio fantástico. Cosa buena, buena, de verdad. Al lado del puerto de mar. Al ladito. O, al menos, eso me informaron, porque yo, el agua, no llegué a verla nunca.

Málaga

De que llegamos, nos prohibieron tajantemente llamarnos por nuestros nombres de pila y nos asignaron uno nuevo. A mí me pusieron la Jacinta. A mis compañeras las rebautizaron como la Dulce, la Nati y, a la que vive ahora en San Blas, la Lourdes. Seríamos lo menos veinte, pero las demás se fueron muriendo todas y el nombre ha perdido ya interés. También estuvo conmigo la madre del Kinkón, ese que ha salido en los pediódicos, uno famoso que está en la cárcel de Carabanchel. Murieron todos sus hermanos y a él le rompieron la quijada de un tiro. Lo sé porque el Kinkón es compañero de fatigas de mi hijo en la celda. A su madre le decían Dolores y era de Torre del Campo. Me la encontré un día por Canillejas.

—Cándida, no te se ocurra decirle a mi marido que he estado en un colegio.

—Anda, ¿y por qué? A tu marido no le tiene que importar nada. Eso no es malo.

—Sí, Cándida, pero no es lo mismo.

Ya ves tú. El marido era un tío orgulloso que les hacía una vida malísima a los hijos. Mala mala. Un tío asqueroso.

Las Idolatrices nos obligaban a levantarnos a las siete de la mañana. Abríamos las camas para ventilar las sábanas y bajábamos a la capilla a rezar el rosaurio. ¡Orábamos pero que a base de bien! Cada veinte minutos había que hacerle la guardia al cáliz sagrado y asín empecé yo a leer mi primera cartilla. Aprendí las letras haciendo de guardiana:

«Dios es finito. Ama la virtud. Huye siempre del vicio. No seas perezoso. Aplícate al trabajo y honra a tu padre.»

Mientras las demás iban recitando el santo rosaurio yo practicaba la lectura en bajito, pero se conoce que me sentían porque una monja me chuflaba por detrás.

—¡Shisssss! ¡Shissss! ¡De rodillas!

Después del desayuno nos subíamos a arreglar la habitación. El cuarto lo dividía una hilera grandísima de camas numeradas y separadas con cortinas. Cada una dormía en un departamento. Preparábamos los catres y desfilábamos a los trabajos forzados. Una se iba al ropero, otra al planchador, otra al lavadero... Cada una tenía su destino, como los trenes de lejanías. A mí me tocó la huerta y todas las chirimoyas me las comí yo. Me metía debajo del árbol y me ponía morada.

Las mañanas las pasábamos en silencio absoluto. No podíamos hablar. Permanecíamos totalmente calladas hasta que a las doce daban una palmada para irnos al recreo. De que terminaba la media hora, otra vez quietas calladas. A la que hablaba la castigaban de rodillas y con la cara contra la pared. Si te ponían dos horas, pues dos horas tenías que cumplir. ¿Todo el día? Pues todo el día reclinada. También te amenazaban con dejarte sin merendar. Era según les daba a las Idolatrices.

Yo me pasé una semana arrestada. Fue una vez que sirvieron de comer garbanzos con abaejos, esas hojas que lleva por fuera la coliflor, y estaba el guiso demasiado fuerte. Me negué a ingerirlo y me encerraron en un cuarto oscuro con la sola compañía de un orinal de porcelana. Aguanté hasta que me dio el hambre y no tuve más remedio que bajar los humos e hincar el diente al plato recalentado.

Por las tardes impartían clases de costura. Empezamos estudiando la vainica ciega, que consistía en el arte de rematar los filos de las sábanas y los bordes de los pañuelos de caballero. En la segunda lección impartieron la técnica del festón, que valía para confeccionar los embozos de los juegos de cama que terminan irregulares, con forma de ondas. Después tejimos cientos de velos, de esos negros que ya no se estilan, y cortamos miles de ojales para camisas. También bordamos mucho. Toallas, trapos de cocina y, sobre todas las cosas, los paños que usaban los curas en el momento de alzar el cáliz de la alianza eterna. O sea, el trapo de terciopelo que cubre el sagrario y que lleva impresas las iniciales de los dos apellidos de Jesús: Cristo y Cordero. Con un bolígrafo silueteábamos una letra en la tela, usando una plantilla de cartón, y luego rellenábamos el hueco con hilo de colores. Quedaba divinamente. Las monjas nos revisaban el encargo y sonreían satisfechas:

—Perfesto, perfesto, perfesto.

A las muchachas linternas que nos soltábamos con la aguja nos dejaban el privilegio de practicar la lagarterana. Resultaba muy divertido. Tenías que ir tirando de la hebra, poniendo suma atención para no desgarrar el tejido, hasta formar agujeros con siluetas de dibujos. Florecillas, frutas, mariquitas... Salían unas mantelerías la mar de apañadas.

No escaseaba el trabajo. De todo hacíamos... y más. Echábamos piezas, zurcíamos calcetines, cogíamos puntos a las medias... Aquello, más que un hogar materno-filial, era una pila grande de ropa que no terminaba nunca de agotarse.

El patrón del colegio era San José y todas las chicas cantábamos en clase con las monjas mientras cosíamos:

¡Ay, José!, puesto que es un protestón
de la gran congregación,
Jesús Cristo te llama para ayudar.
Y tus hijas te llaman con gran majestad,
implorando tu presencia con gran vanidad,
que traigas toallas, toallas y pañuelos,
y un juego de cama y muy buenos juegos,
y en gran cantidad,
y asín nuestras chicas podrán trabajar.

Una monotonía muy aburrida. A las tres rezar la oración. A las cinco merienda. A las seis a la iglesia. A las siete recreo. Y a las ocho a la cama. Sólo cuando estaban las tierras secas, que se echaba en falta el agua, había una actividad distinta. Salíamos en procesión con San José para que lloviera. Había que corretearse todo el colegio con la estatua pidiéndole agua mineral de lluvia. Asín era la costumbre. Y algunas veces, el santo, pues ni caso; y otras, amanecía lloviendo. Cantábamos:

Danos agua
reis de la gloria.
Danos agua
reis del cielo.
Danos agua,
salud y consuelo.
Misericordia, Señor.

El San José era muy menudo y lo llevábamos entre cada dos chicas con palos. ¡Venga de dar vueltas al patio cantando la misma canción! ¡Venga de implorar piedad por los pasillos, que eran muy largos!

En las fechas de Semana Santa nos pegaban en los labios una cruz negra de cinta aislante. Teníamos que estarnos tres días sin mencionar palabra. Jueves, viernes y sábado. Íbamos en filas de dos en dos, como la patrulla de retén, con el silencio por todos sitios. Calladitas hasta el domingo, que tocaban la campana y ya podíamos quitárnosla. Nos la ponían con un poquito de pegamento para que no dijéramos ni mu. A la que hablaba la castigaban a base de bien. Ésa era la penitenciaría que hacían las monjas...

De ese modo transcurrió mi existencia durante muchos meses, y habría durado años si no me hubieran expulsado por pronunciar mi nombre en público. Es que me pusieron Jacinta y a mí, francamente, me convenía más el mío. Siempre que nos ajuntábamos las chicas en el patio y me preguntaban «¿Cómo te llamas?», yo respondía «Cándida». Un día la madre superiora sintió a una chica llamarme por mi nombre y se puso a gritarme:

—¡Jacinta! Ven para acá tú, que te vas a enterarte. —Y bien que me enteré—. Ten y mientras formes parte de la comunidad, tu nombre es Jacinta.

Como me habían tomado manía, aprovecharon el incidente para echarme del colegio. Me devolvieron a la catequesis de la protección de menores de Jaén y, de ahí, me mandaron rebotada a Valencia con las hermanas Oblatas.

Játiva

A Valencia me condujo en ferrocarril el inspector de policía don Aguadero. Venía él de guardaespaldas porque para hacer viajes se exigía tener la edad de la mayoría y yo, por razones ajenas a la empresa, no la había cumplido todavía. Para la ocasión estrené mi primer par de zapatos. Eran blancos con un poquito de tacón y, acostumbrada a las zapatillas, me apretaban mucho, ¿qué quieres que te diga? Me los regalaron, junto con un vestido de lunares, los dueños del cine donde estuve asistiendo. No se me olvidará prácticamente nunca.

Cuando llegué a Játiva, las Oblatas me dijeron que con ellas me iba a encontrar muy al gusto. Que había muchas chicas como yo. Que ellas me apreciaban y estaría en la gloria. No veas cómo me puse de contenta. A ver... Toda la vida peloteando sin haber estado nunca con mi madre; pues lo mismo me daba estarme allí que estarme en cualquier otro sitio. Yo lo que quería era recogerme. Ya estaba harta de trabajar en un lado y en otro y nunca tener mi sitio.

Teníamos un uniforme azul madrino con el cuello en blanco. Era de tablas, y las medias y el zapato en negro. A mí me destinaron para colocar la ropa en las camas, para coser a máquina y para irme con una monja por las casas.

Estuve hasta los dieciséis años de recadera en la calle aprendiendo todo lo que sé. Estuve en el lavadero, en el planchador, en la ropería, en la enfermería, en la cocina... En todos los oficios. No me quedó nada por andar. Aprendía una profesión liberal y me llevaban a otra. Salí con un pelo larguísimo.

Normalmente acompañaba a Sor Rosaurio a cobrar por los pisos una limosna para las chicas linternas. Unas señoras nos daban dinero, otras juguetes, otras ropa y asín sucesivamente. Lo que cogíamos lo íbamos echando a una cesta. Sor Rosaurio iba de manos libres y yo llevaba la carga encima: la cesta y el bolsón de la hermana, que también pesaba lo suyo. Ella decía que no podía coger peso porque, al ser monja, se fatigaba muchísimo.

Nos recorríamos los pueblos pillando lo que hiciera falta. A La Reba íbamos a por los alcahueses, los altracamuces y las naranjas. A Torrente en el tiempo de la panoja y a Aracuás en el del tomate. Sor Rosaurio, como era valencianesa, hablaba a su estilo propio. A veces se ponía:

—¿Onde vas, dona? ¿Cómo están les cames?

Yo, muy sospechosa, intentaba adivinar lo que decía. Y un día, como vi que le soltaba esa frase a una que andaba con muletas, me percaté. «Va a resultar que *les cames* significa pierna en italiano», pensé. Y es verdad que en Valencia lo dicen al modo ése. No creas que miento. Asín se estila. A la escoba la dicen *la granera*, a la ventana *la finestra*, a la silla *la caída*, al aceite *el llis*, a las patatas *les grilles*, a la llave *la cla*... Las monjas siempre usaban esas expresiones.

—¡Niña, cierra la puerta y quita la cla!

A base de practicar tanto y pegar el oído, terminé asimilando el otro idioma y me volví una persona búfala, de las que hablan dos lenguas. Llegué a manejarme igual de bien con el italiano de Valencia que con el español de Martos. Fíjate, por ejemplo, que al maíz unas le llamaban panoja y otras mazorca, pues yo lo asaba indistintamente en el horno y resultaba siempre tiernito y riquísimo. Igual daba. Con los boniatos o batatas sucedía tres cuartos de lo mismo: los ponía a cocer con canela y tan ricamente. Cosa buena, buena, eso de los hablares diferentes.

Yendo en una de esas expediciones fue cuando empecé a desarrollarme como mujer. Yo no sabía nada. Me pilló completamente desprevenida. Pensé que estaba mala, que se me vaciaba el cuerpo. Ni remotamente podría sospechar que acababa de inaugurar la llegada al mundo de mi primera menstrualidad.

—Sor Rosaurio, ¿voy a morirme?

—Tú no preguntes y toma, ponte esto en las partes.

Me dio un cacho de tela que tenía como unas orejas para atármelo alrededor de las caderas, pero se me cayó en medio la plaza del mercado. El ingenio consistía en una cinturilla con un botón delante y otro detrás y debió de reventar con la presión. Se me quedó colgando hasta que cayó el trapo de relleno y una señora que lo vio se lo chivó al oído a la monja.

—Anda, hija, aprisa, vámonos.

—Hermana, pero si acabamos de llegar.

Yo no me percaté de lo sucedido hasta que llegamos al colegio y me metí al servicio.

—¡Ay, hermana, si se me ha perdido el conejo!

Asín lo llamaba. Con esas orejas de trapo... ¡ya ves! Todas las madres se partían de risa. Una risión grandísima la que les entraba.

—Venid, ¿no sabéis lo que le ha pasado a la Cándida? Que dice que se le ha caído el conejo. ¡Ja, ja, ja!...

Las primeras clases nos las impartieron en la lavandería, donde paré poco tiempo. De ese arte no tuvieron que enseñarme mucho. A base de observar a mi madre y de haber estado colocada, ya me había hecho yo una idea de cómo se aplicaba el jabón al tejido. Se formaban unos montones altísimos, con la ropa de doscientas niñas y lo menos cincuenta monjas, que teníamos que limpiar a mano. No había automática. Nosotras frotábamos y las monjas iban secando, colocando en las cuerdas de afuera y doblando para la plancha.

En el planchador me tocó la hermana sor Grabiela. Parecía una vaca lechera. Gorda, gorda. Era muy mayor y no había quien la aguantara. Tenía muy malas pulgas. Cuando nos poníamos a rezar teníamos que soltarlo todo y concentrarnos en el rosaurio. Disimuladamente, yo procuraba seguir cosiendo, hasta que un día me pilló in frarrojos.

—¡Suelta la costura!

—¿Qué más le da a usted, madre? Yo he venido a aprender a coser, que llevo pasada media vida en conventos y ya me sé todas las plegarias.

—¡Suelta eso ahora mismo!

Como no la hice ni caso, levantó las tijeras, que las tenía colgadas del hábito con un cordón, y me corrió por todo el planchador. Una habitación más larga que los dedos de un carterista. Bufaba a la zaga detrás de mí, con las tijeras en lo alto, para arrancarme del pelo unas trenzas larguísimas que me llegaban hasta el culo. Ella pegando dentelladas al aire y yo corriendo en derredor de una mesa más ancha que un solar. De aquélla me escapé, pero ya me cogió una envidia de mil demonios y, desde aquel día, dio órdenes a las ayudantas:

—A la Cándida no la deis de merendar.

Resulta que en el recreo sor Grabiela era la encargada de repartir la merienda. Unas veces pan con miel y, las menos, una onza de chocolate con una chispa de pan. Yo seguía poniéndome a la cola, pero ya, al llegarme el turno, sor Grabiela me hacía el vacío sideral. Ni se dignaba a dignarse. Asín que, claro, luego yo iba a misa por la tarde y salía llorando. Sor Carmen, que era la madre superiora, se percataba y venía a apaciguarme.

—¿Qué te pasa, Cándida?

—Sor Grabiela, que me ha castigado.

—No te preocupes, hija. ¡Sor Grabiela! ¿Por qué ha castigado a la niña?

—Porque me ha contestado.

—¡Ay, Cándida! ¿Por qué contestas a la hermana?

—Madre, es que la ha tomado conmigo. Sólo quiere que rece, y yo he venido a matricularme en trabajos y no a pasarme la vida rezando. Mire, si tengo ya callos en la rodilla... Si yo sé rezar de memoria. ¿No ve que ya he hecho la comunión y tengo todos los requisitos?

Entonces ella se me acercaba y me chispaba al oído:

—Cándida, anda, acompáñame.

Nos metíamos en su despacho y sor Carmen me daba de merendar escondidamente. O sea, que la merienda suya me la guardaba para mí. Me quería muchísimo. Se portaba como una verdadera madre. Bueno, la única madre que he tenido. Una madre totalmente superiora.

Las demás eran unas monjas muy amigas de hacer prisioneras. En Játiva, en cuanto que sacabas los pies del texto, te ponían rápido en el cuarto oscuro. Yo me tiré encerrada buenos ratos con una aburrición tremenda. No había más que un poyete de cemento para sentarse y una jarra de agua para echarse un trago. La única salida honrosa era ponerse a cantar:

Desde chiquitita estoy en un convento
pasando fatigas y miles tormentos.

A mí la alegría ya se me acabó,
díselo a mi madre que ella me metió
en este convento sin quererlo yo.

La madre abadesa me subió al castillo
y yo me asomaba por un ventanillo.
Yo no veo amores, yo no veo no.
Veo a mi moreno, al que amaba yo.

—Moreno, moreno, sácame de aquí,
que éstas son las penas que paso por ti.

Como no había más que dos cuartos oscuros, enseguida se quedaban llenos y a las castigadas nos mandaban al huerto. Te tirabas una semana segando alfalfa o limpiando las vacas y los corrales de las gallinas. Tan ricamente. Se conoce que las monjas Oblatas disfrutaban imponiendo penas. No hacía falta cometer un triple pecado mortal para que te reprendieran, no. Castigaban deseguida.

Lo peor se lo hicieron a la del naranjazo, una que paraba por el colegio y que era la hija de un teniente comandante viudo que se había casado de segundas. A la chica, la madrastra la recibió muy malvadamente y, para quitársela de en medio, la internó esgrimiendo la excusa de que la muchacha estaba chiflada. La pobre era bastante inocente y la teníamos de chivo escapatorio. Una noche la pusimos una palangana de agua en la cama debajo de las sábanas, la pobrecilla se acostó tan campante y salió con las bragas chorreando. Luego la bajamos al patio enrollada en la colcha con el letrero de «Castigada por meona» y todas girábamos a su alrededor gritando: «¡Meona, meona, meona!»

Ésa fue la que le tiró una naranja al cura cuando estaba diciendo misa. Andaba el sacerdote levantando la sagrada hostia asín y va la otra y... ¡toma! Le pegó un naranjazo en la cabeza. En toda la coronilla le cayó el fruto de la huerta. Canasta de tres puntos. Las monjas, rabiosas, se tiraron a por ella de momento, pero el cura se volvió muy solemne:

—¡Quietas, hermanas! No la castiguéis, que Dios la perdonará.

Asín que las monjas se quedaron con las ganas y la dejaron marchase, pero se ve que a media tarde cambiaron de pensamiento. A la mañana siguiente, cuando bajamos a la iglesia, nos la encontramos delante del altar, hincada de rodillas a los pieses del cura y vestida de saco de patatas. De correctivo la habían cortado el pelo al cero por ciento. Le dejaron la cabeza tan lisa como la cara: totalmente pelada. Con un saco de patatas abierto por la mitad la vistieron, y con otro saco la colocaron en la cabeza un velo. El cura estaba diciendo la misa y ella, allí, arrodilladamente hincada. Se tiró con la misma juerga un mes, y por las tardes, en el recreo, al igual de dejarla ir al patio, la metían en el cuarto oscuro.

Es de imaginar que, para romper la tónica de disgustos, entre las chicas se estilaban mucho las bromas. Las gastábamos mayormente después de la Navidad, el día de los santos indecentes. Yo recuerdo que se la pegué a la Trinidad con una torta de vaca. Nos fuimos a barrer la cuadra y, cuando cagó el mamífero, recién cagada la torta, la envolví en un papel.

—Toma, Trini, que he tenido visita y me han traído un par de tortas. Todavía están calentitas.

Se puso detrás de la puerta y, de que vio que era mierda, se lió a palos conmigo. Me pegó una paliza de miedo. Al cambio, sor Grabiela me gastó la broma a mí. Me vino:

—Cándida, anda, sube a preparar la ropa de las chicas.

—Vale.

—Y ya, de paso, te comes esto. Toma.

Creí que era un panecillo. Me lo metí en el bolsillo, llegué al dormitorio, lo abrí, fui a pegarle un mordisco... y era un trozo de jabón. Me entró una rabia... Me la pegó bien pegada. Cuando bajé se reía:

—¡Ja, ja, ja!... Cándida, ¿estaba bueno el bocadillo?

Me la quedé mirando y le solté la frase que me salió del alma:

—¡La madre que la parió, hermana!

No debía de esperarse esa reacción, porque se le cortó la risión de momento.

Aparte de los trabajos forzados, en el colegio enseñaban a leer y escribir. Pero a mí, como era la recadera, apenas me daba tiempo de estudiar. Lo poco que hoy sé leer es porque lo he aprendido de la televisión. O sea, las letras, que las junto y eso. Es al igual que mi hijo el Mariano: él nunca ha atendido a la escuela pero sabe conducir y sabe de cuentas porque le ha surgido de su propio interior. O sea, que los dos somos autómatas.

Yo creo que me pusieron de recadera por interés físico. Al tener el pelo tan largo, la cara tan blanquita y estar francamente gorda, me llevaban con ellas de muestra para que vieran en el exterior lo bien que nos cuidaban. Las monjas no permitían que saliera otra chica que no fuera yo. Consecuentemente, mientras que las demás iban a clase, yo de recados. Siempre yo, y nadie más que yo, menos los pocos meses que me corté el pelo y me dieron la baja. Se me ocurrió pegarle un tajo a la trenza y, de que me vio la superiora, me puso un castigo de miedo. Menudo disgusto más grandísimo se fue a coger. Era para verlo y no creerlo.

—Pero, Cándida, ¿es que tú no te das cuenta de que nos has hecho un mal muy grande al convento?

—Madre, perdóname usted.

—Es que nosotras nesecitamos chicas bien puestas, para que la gente nos dé buenas propinas. Con esa facha ya no podemos sacarte a ningún lado. Parece mentira que tú nos hayas hecho tanto daño, con lo que me he sacrificado por ti. Te voy a meter en el calabozo para que recapacites.

Me dejaron en el paro hasta que volvió a crecerme el pelo. Después, deseguida, otra vez vuelta a empezar lo mismo. Para aquí, para allá, cargando los trastos de sor Rosaurio.

Los delfines de semana eran el tiempo permitido a las visitas. A mí, en los cinco años que estuve nunca fue nadie a verme. Jamás de los jamases tuve un visitante. A las demás venían sus familiares a verlas: las madres, los hermanos y eso. A mí: nadie. Nunca tuve carta. Jamás me dieron un abrazo. Nunca, nunca, nunca. Jamás en la vida. Asín que los sábados y los domingos me iba a la clase a coser, a zurcir y a cocinar. Por la ventana veía a mis compañeras abrazadas a sus padres y se me subía el santo al tiesto.

Para una ocasión en la que se dignó mi madre a enviarme una postal, podría haberme ahorrado el disgusto. Desiquiera iba dirigida a mí, sino a la directora, y en ella narraba que acababa de caer gravemente enferma y que le urgía mi regreso para hacerme cargo de su cuidado. Un panorama ensordecedor. Decía que le habían salido acemas en las manos de tanto fregar con agua. Y las monjas, como no me quería ir, urdieron un plan para deshacerse de mí sin que yo pillara hilo. Muy astutas. Aprovechando que tenía mal el oído, me sacaron del convento.

—Venga, Cándida, prepárate que te vamos a llevarte a operar a Valencia a la casa central y, de que salga todo bien, te regresamos.

De entrada yo me lo creí, hasta que empecé a notar que una me daba una estampida de la virgen, otra una medalla, la otra un rosaurio... Cuando todas me llevaron regalos a la portería aquello empezó a olerme fatal.

—Uy, hermanas, esto me da muy mala esquina.

—Si es una operación muy corta —disimulaban—. Serán quince o veinte días y deseguida regresas.

—¿Sí? ¿Entonces por qué me despiden tanto?

En Valencia, mis sospechas cobraron vida de golpe cuando se acercó a buscarme el inspector don Aguadero. En el tren no había consuelo para mí. Lloraba como una madalena al lado de aquel hombre. Bañada en lágrimas me pasé todo el camino. Y aún no lloré lo suficiente, que mucho más tendría que haber sollozado de imaginar el panorama tan desolador que iba a encontrarme en Martos. Mi madre enferma, los colchones por el suelo y los hermanos que quedaban, el Manuel y el Quique, sin trabajar ninguno. Los zapatos no me venían. No me venía el vestido. No me venía nada... Menos mal que otras chicas, que se habían quedado de hijas solteras, me prestaron algún trapo para poder estar favorecida.

La primera noche de estancia, fue salir a la calle y toparme con el chico que me había perseguido de pequeña. Me comentó que yo venía muy guapa del colegio.

—Estás muy gorda y muy decente, Cándida.

Al ser los piropos tan bien pensados, fuimos a la romería de la Virgen de la Cabeza en Andújar, arriba en Sierra Morena, y ya se le metió en la cabeza que éramos novios y quería estarse a todas horas conmigo. ¡Sólo que de conmigo! Pero yo no podía quererle porque era un vagabundo que no estaba dispuesto a colocarse. ¡Ay, qué pena!... Lo que son las cosas. Fui a salirme de Roma para meterme poco más tarde en Román, ya que terminé casándome con otro que era todavía mucho más vago.

LOS AÑOS CINCUENTA O POR AHÍ

En casa del inspector

Acuciada por las persecuciones, en Martos duré cinco días escasos. Como me había sugerido el comisario en el tren que, si eso, me fuera a servir a su casa en Jaén, pues me abrí. Vivía don Aguadero en un parque que le decían La Guitarra y llamé a su puerta.

El inspector se alojaba con la mujer, un hijo y la suegra. La señora, como no tenía hijas, se entretenía pasándome el cepillo por el pelo. Unas veces me peinaba el moño para arriba, otras veces para abajo, a veces dos trenzas, otras una caracola. Cada día me sorprendía con un peinado distinto. Llevaba entonces un pelo larguísimo que no me lo corté hasta después de casada. Bueno, todavía tengo el recortable de la trenza guardado en un armario.

A lo primero me dijeron que comiera con ellos, pero deseguida me dio vergüenza y quise hacerlo sola, pues no estaba al gusto en la mesa. Daban fatal de comer y yo pasaba mucha hambre. Comíamos poco y malamente. Además, me estaban amenazando de continuo. A lo visto, mi madre les dejó encargado que no me dejaran salir de la casa y me tenían aprisionada. Ella se limitaba a venir todos los meses con el saco de la recaudación. Me pedía el dinero y se volvía a Martos. Yo nunca veía un duro.

Los señores poseían una finca y, como el coche de viajeros pasaba por la puerta, le encargaban al conductor de la camioneta que les trajese la leche. Yo iba todas las mañanas a la cochera de los autocares a recoger el cántaro de la casería. Gastábamos dos litros. Hacía falta hervirla tres veces en el cueceleches, con la tapa de un bote de cristal en el fondo para que batiera con las burbujas y avisara con el ruido antes de derramarse fuera. Con tanto viaje, me hice amiga del chófer y me pidió que saliéramos juntos dos o tres tardes durante las fiestas de Semana Santa. Paseábamos por el camino de la estación con la criada de una amiga de la Aguadera y su pretendiente.

Antes de una de esas salidas, todavía en la casa, eché bacalao a remojo, me puse los zapatos para marcharme y me paró la señora en el quicio de la puerta.

—Mira, Cándida, de que vuelvas fríes el pescado y preparas la mesa.

—Como usted mande.

Pero resulta que se complicó el paseo. Estando los cuatro sentados en una tapia, comiendo pipas y con los pies colgando al viento, tuvo una ocurrencia el furgonetero:

—Os invito al cine.

Nos metimos a ver una película de Semana Santa y salimos a las once o por ahí. Vimos *La Pasión del Señor según San Mariano*, un flim muy bonito. Lo malo es que al actor se las hacían pasar perras. Bueno, le dieron muerte y todo. A la pobre madre la traía por la calle de la amargura. Un sufrimiento continuo.

Cuando regresé estaban los señores cenando. Ni me dirigieron la palabra. Muy ofendidos ellos. La señora mostraba un malestar grandísimo por haberse encontrado la mesa sin poner y el bacalao sin entomatar. Al otro día por la mañana me habló con voz seca:

—Cándida, llévale usted el desayuno al señorito a la comisaría.

A mí me pareció extraño, pero obedecí y me puse mi uniforme. Estaba al punto de marchame cuando me volvió a parar los pieses.

—Quítate el delantal.

—¿Por qué?

—¡Quítatelo! Obedece. Para realizar este servicio no es necesario que lleves el delantal.

Conque llegué a la ésta con el pucherito y saludé al comisario.

—Don Juan, tenga el desayuno.

—Déjalo ahí y acompáñame.

Me agarró, me llevó al calabozo y me cerró con llave.

—Pero, bueno, ¿y esta penitencia que nos ha sido impuesta?

—Aquí vas a permanecer bajo cuerda una semana para que aprendas a comportarte. Tu madre me ha dejado dicho que no puedes salir y tú, muy rebelde sin causa, ¿te escapas al cine? No. Asín no vamos a parte ninguna.

Los días de encierro fueron siete, como las tribus de Israel. La señora tuvo la cara dura de personarse con un encargo de costura. Muy lista ella. Como sabía que yo bordaba, aprovechó para pedirme que la hiciese un camisón con todo el pecho repleto de flores. Peinador de ese, que le llaman. Pero yo no moví un dedo. Ni hablar. A ver, ¡además de castigada no iba a poner también la cama! Vamos, es que se lo cuentas a un manco y le crecen las piernas.

Transcurrida una semana, por fin vino a apiadarse una señorita de la catequesis.

—Anda, Cándida, que ya he hablado con el inspector y te puedes ir a casa.

Pero, a mí, ya no. Me propuse no volver y me coloqué con una vecina artista que tocaba el piano.

Era de Sevilla. Estaba actuando en un cabaré y tenía una

hija de un casado que se lió con ella antes de que naciese la niña. Yo la cuidaba. Si aquí vivía el Aguadero, dos casas más allá vivía la cantante ésa. La había conocido porque ella solía salir a la calle con su niña y entablábamos conversación. Muchas veces me había ofrecido colocarme en su casa y nunca acepté la oferta, pero, de que salí detenida, no me lo pensé. ¡Menuda rabia le dio a la señora inspectora! Le dio una rabia de miedo que me marchara a la competencia directa.

La nueva tenía una hermana que había sido monja pero se había salido. Estaba más loca que una pirindola, vivía con nosotras, y me corría por toda la casa con las agujas de lana para pincharme.

—¡Espíritu maligno, deténte, que te crucifico!

Estaba mal de la cabeza y, finalmente, tuve que volar del trabajo. Ahora, el tiempo que duré estuve contenta porque comía a discreción. Todo lo que quería. La artista se marchaba y venía sólo los delfines de semana. Antes de irse hacía la compra y me dejaba dinero para el pan y la leche. Yo guisaba, huía de la monja y estaba al mando de la niña.

Yendo a por el pan me salió otro novio. El chico que había conocido en Jaén poco antes de entrar al colegio. Fui al mercado y lo volví a ver en la pescadería. Apenas me miró, me reconoció de inmediato. Fue verme y empezarme a perseguir por todas partes, hasta que un día me atrapó.

—¿Dónde estás parando?

—Estoy sirviendo.

—Bueno, pues si te parece, nos relacionamos.

Empecé con él y, deseguida, ya andábamos juntos y eso. Me juró por Cristo nazaranteno que se quería casar conmigo, que me había estado esperando toda la vida entera, que tal y que todo. Yo asentí de buen grado:

—De acuerdo, pero te tengo que presentar a mi madre para que nos autorice la boda.

Fuimos a Martos y conoció a mi madre, a la hermana de mi madre y a toda la familia. La satisfacción fue generalizada.

—Sí, Cándida, eso es lo que deberías hacer. Recógete y cásate porque bastante has esperado ya.

Con esas beneficiosas intenciones salimos hacia Guarromán, el pueblo del muchacho. Nos instalamos en la casa de una hermana de su madre, que nos dejó una cama, y yo caí en estado de la que tengo mayor. Una historia de novela, si no fuera porque el rosa se volvió marrón. Paseábamos por el barrio y yo sentía que a él le preguntaban por los niños. Y a mí aquello, francamente, me chocaba mucho. Me dejaba pensativa, pensativa, porque yo no sospechaba que él pudiera estar casado. ¡Lo normal!: seis años en un colegio... pues salí con los ojos cerrados. Hasta que ya una mañana de jueves me llegaron las informaciones y en el mundo no había pañuelos suficientes para mis congojas.

—¡Dios mío! ¿Dónde me he metido yo?

Se conoce que ya tenía dos o tres hijos y, en cuanto lo supe, le dije que no quería permanecer ni un minuto más a su lado. Dijo que sí, que se hacía cargo y empezó a pegarme para que no me fuera. Me maltrataba a base de bien.

—No te preocupes. Si yo trabajo y puedo mantener a dos mujeres...

—Ni hablarlo. Tú te vas con tu mujer y me dejas en paz.

Del sofoco me entró una represión gordísima y, como me sentía incapaz de ingerir alimentos comestibles, me quedé más delgada que el cuello de un bolígrafo. A base de golpes me condujo mi novio a Jaén y, al llegar a la ciudad, la suerte se tornó aún más negra. Tras dieciséis días de ausencia, su esposa le andaba buscando y, al enterase de que había estado liado con otra, le puso una denuncia por indulterio.

Alguien debió chivarle la guarida y, estando yo sentada cerca de la estación, llegó y me armó un escándalo cosa mala. Dieron parte a la comisaría y la policía me detuvo. Yo le di la cara a la mujer y le dije que no pretendía destruir su hogar:

—Señora, comprenda que yo no tenía aviso de que su marido estuviera casado. Desde que lo he sabido intento abandonarlo por respeto a usted.

Ella deseguida comprendió mi desgracia.

—Visto asín, no tiene usted culpa ninguna. No me queda más remedio que darle crédito, porque mi marido es perro viejo; ahora bien, como ya está en curso la denuncia del abandono del hogar, tienen que detenerla lo mismo.

Total, que un sofoco grandísimo. El policía ya se me llevaba cuando llegó un señor con aires de importante.

—Soy doctor. Esta chica está mala y hay que internarla.

El superagente me guió al hospital. Me sacaron las pruebas y, como le confirmaron que en efecto, me dejó ingresada. Allí fue donde conocí a Román, mi marido. Le habían conducido desde Melilla por contraer una enfermedad de la mili. Yo le vi tan aburrido que me acerqué a hablarle. Le hice un resumen de mi biografía y congeniamos. Estuvo unos pocos días y, deseguida, le dieron el alta. Él regresó al cuartel y yo quedé a la espera de mejorarme para que me trasladasen prisionera.

Estando en el sanatorio se murió totalmente mi suegro. A mi marido le dieron permiso de defunción y aprovechó para visitarme. Se conoce que su padre padecía la enfermedad de los tubérculos. Una mañana, mientras que la madre estaba arrancando garbanzos, se puso malo y empezó a echar sangre por la boca. De que vino la mujer del campo ya se lo encontró seco y tuvo que afrontar las molestias del entierro. Mi marido, sin en cambio, me trajo noticias conciliadoras:

—Tú no te preocupes, Cándida. Si yo tuviera dinero tú no ibas a la cárcel. Te pagaba las ochocientas pesetas y, tú, a casa. Tranquila, que yo tengo a mi madre muy vieja y en cuanto vuelva licenciado de las milicias, nos casamos.

Se marchó y a mí, al no poder hacer frente al pago de la multa, me llevaron acusada del indulterio. Me cayeron doce días de cárcel. No hubo juicio ni nada y allí estuve hasta que cumplí la ésta. Menos mal que mi Román me infundió ánimos:

—No te preocupes, Cándida. Yo te escribiré. No te vayas a preocupar.

Seríamos lo menos treinta mujeres en el mismo cuarto. Las había desde jóvenes hasta de más de cuarenta años. Una se veía en trance porque la cogieron por la calle, la otra porque robaba, la otra por una multa... Cada una era un caso aparte y a todas nos maltrataban muy bien. A las ocho nos levantábamos para arreglar las colchonetas del suelo. A continuación nos bañábamos parcialmente y nos mandaban al patio. A la hora de la comida repartían los empleos: unas a jugar por ahí y el resto a pasear. Yo no sabía aún que estaba en estado, asín que me cogieron por sorpresa los comentarios de una compañera en la ducha:

—¡Uy qué pechos más gordos! Tú estás embarazada.

Y ya lo supe sobre seguro. Tenía mucho pecho y todo el éste negro, negro.

La boda

Al poco tiempo ya me entregué a mi marido de cuerpo entero. Bueno, no era mi marido ni nada, pero me prometió que me estuviera en mi casa, que al terminar la mili me buscaría y nos casaríamos juntos. Desde casa de mi madre le escribí una carta. Le dije que estaba mala, que mira tú lo que me pasaba. Me contestó que no le importaba si estaba abultada, que a caballo regalado no se le enseña el diente, pero que me estuviera en mi sitio. Total, que, el mismo día que salió licienciado, se vino a Martos, yo tuve a la niña y él la conoció con su apellido personal.

La Nati nació en el hospital del pueblo. Un parto malísimo. Me tuvieron que atar las manos porque le tiré un bocado a la enfermera. Como era la primera vez, estaba tan cerrada, tan cerrada, que hasta que salió no te quiero ni contar. Me dieron cuatro puntos. Entonces no te dormían porque no existía la anastasia. Después del parto, cada vez que venía la enfermera para desinfectame con el agua oxigenada se ponía:

—¡Ay, qué chica! ¡Jolines, qué genio tiene esta muchacha! ¡Cualquiera se acerca a ella!

No te digo. ¡Si es que yo veía las nubes, las estrellas y el mapa del tiempo completo! Todas las galaxias. Una cosa horrorosa. Tenía que defenderme y le lancé un mordisco que le saqué una tajada. Cuando lo supo, el doctor no salía de su asombro.

—¿Qué tal se encuentra hoy nuestra impaciente?

—Yo bien. La que se encuentra mal es su enfermera.

—¿Y eso?

Y ya saltaba la mujer:

—Esta chica, que está rabiando.

Mi marido llegó de la mili y estuvo vendiendo los calzones militares en la fuente nueva porque no tenía ni para tabaco. Para celebrar el nacimiento cogió una borrachera de aquí te espero comiendo un huevo y se presentó en mi casa con la blusa toda llena de pienso. Se vino con lo puesto y, ya, nos casamos.

Mi madre me hizo el vestido con un retal y mi marido llevó una chaqueta a medio limpiar. Mi madre no pudo hacer de madrina porque tenía que asistir ese día y le daba reparo pedir permiso. Asín que el cura nos buscó una suplente que la decían asistenta social y que murió al poco tiempo.

—Hola, yo soy doña Isabel, la madrina.

—Pues bueno, mire qué bien.

Era de Caritas y tuvo el detalle de prestarnos los anillos. A la salida se los devolvimos y, si te he visto, no me acuerdo. Pensaba yo que, más adelante en la vida, se me presentaría la oportunidad de comprame un anillo y grabarlo de recuerdo, pero, tristemente, no he podido comprame ni una caja de palillos. Llevo una sortija de quincalla que me la regaló mi hijo Mariano hace diez años. No me la ponía nunca, pero me la terminé poniendo porque mi marido me insistió mucho:

—Anda, ponte el anillo, que se va a pensar la gente que andas soltera, tía vieja.

—Si estoy soltera. ¡Con la de años que hace que llevo durmiendo sola!

La fiesta, como contrajimos sagrado matrimonio en el mes de agosto, consistió en ir a por higos. Ése fue el viaje de novios: a la higuera. Nos pegamos una panzada de comer brevas que para qué las prisas. Y, tras el convite, continuamos como los gitanos, instalados a estilos indios en la casita de las Aguazonas. Nosotros dormíamos en el portal con una manta en el suelo y mis hermanos y mi madre en la habitación. Junto a la entrada había una piedra que manaba agua y nos levantábamos con el cuerpo chorreando. Ganaba agua el suelo y nosotros aumentábamos la reuma. Asín que, al poco, cogimos a la niña y nos encaminamos a la casa de mi suegra, en Arjona.

Diariamente, mi suegra se ponía en el patio a observar las gallinas y las metía el dedo para ver cuáles tenían huevo dentro. Decía:

—Nosecuantas me van a poner.

Y se marchaba a la compra. Mi marido, en cuanto sentía cacarear, cogía los huevos y allá que se iba a venderlos para comprarse tabaco. Cuando volvía la pobre mujer, sus gallinas no habían puesto ni uno.

Yo acarreaba agua para las vecinas. Cuando venía un camión del Estado desde Andújar, ellas me daban su tarjeta de beneficencia y yo les servía el agua a domicilio. O sea, que ya había discurrido yo la telepiza muchos años antes. Me pagaban dos reales y con eso compraba el pan. Ése era nuestro subsidio cotidiano de cada día, porque mi marido seguía con el mismo plan. Ni trabajaba, ni tenía intención alguna de trabajar. Todas las noches de borrachera. Me traía frita, refrita y churruscada.

—Esto no puede ser, Román.

—Bueno, tía serda —porque él me llamaba asín con el hablar de Arjona, que la zeta la hacen ese—, pues nos vamos a Andújar, que allí habrá trabajo.

Nos desplazamos a Andújar y la vida seguía igual. No buscaba trabajo y encima, al poco tiempo, me abandonó para irse a vivir con un hombre. Se enrolló bien liado con uno que tenía un chiringuito a la orilla del puente. A la entrada tenía el marica la tasca y mi marido estaba siempre con él. Todos los días. Te lo encontrabas continuamente por el puente con la muda puesta y la panza al aire. De miles maneras. Y yo, mientras, abandonada con la niña en casa de la suegra. O sea, como el perro y el pato.

Al ver que aquello no podía ser, cogí la niña, me volví a Martos y me puse a pintar casas. Iba a limpiar las fachadas y las viviendas por dentro. A la Nati la llevaba conmigo y la acostaba en la cama de las señoras. Gastaba sacos de cal y, con unas escobas de cáñamo, pintaba requetebién.

Una mañana estaba adecentando el piso de la dueña de una papelería en la calle Real y se personó mi marido. A lo visto se había arrepentido del marica y estaba otra vez de vuelta con la madre. Era Semana Santa, la época de procesiones, y él, con las cuarenta pesetas que se había ganado sacando a hombros al San Juan, el santo que va con el dedo señalando América, se había agarrado una borrachera de espanto. En esas lamentables condiciones fisicoquímicas llegó a casa de mi señora, pegó una patada a la puerta y se coló para adentro.

—¡¡¡¿Dónde está mi mujer?!!!

—Trabajando, donde debería estar usted si fuese un hombre de pelo en pecho.

—Dila usted que baje inmediatamente.

—Cuando termine el trabajo se podrá marchar, no antes.

—¡No, se viene ahora mismo!

Me sacó a las rastras y se tiró todo el camino pegándome. Muy cariñoso ha sido conmigo el Román siempre. Me atizó hasta que le sorprendió mi hermano, el que vive en Salamanca, y le pegó una paliza que le dejó sin hipo. ¡Menuda paliza! Se ve que en la procesión del San Juan había una gitana que con el tacón le pisó a Román sin querer y él la insultó:

—¡Tía pelleja, con los zapatos que tienes ya te podías haber pisado la nariz!

La gitana lo tomó malamente y le puso de cuarta y media. Cogió el zapato y le dio un taconazo. Entonces él, herido en su orgullo latino, fue corre que te corre a buscarme a mí y pagó el coraje conmigo. Suerte que un amigo de mi hermano, que había vuelto de las minas para las fiestas, le dio aviso:

—Tu cuñado está pegándole a tu hermana.

Bajó el Perico la calle Real, le enganchó y fue atizándole todo el recorrido hasta la casa de mi madre. Le puso un ojo a la virulé. Menuda paliza le arreó. Cuando se recuperó quiso echarme a mí las responsabilidades de su desgracia:

—¡Por culpa tuya, tía serda, mira lo que me ha hecho la gitana en la cabeza!

Tuvo que salir mi madre al quite:

—Por culpa suya, no. Porque has faltado a una mujer. Lárgate de aquí y vete para Arjona.

A la semana se personó mi suegra. Que me fuera. Que me fuera, que estaba el Román muy desesperado. Que estaba arrepentido. Y yo, tonta perdida, volví a picar el anzuelo. De nuevo a pasar penas. Él nada más que a robar huevos y su madre gritando todo el día:

—¡Eres un ladrón! ¡Eres un sinvergüenza! ¿No estás casado?, pues lárgate con tu mujer.

Él estaba pensando en irse, pero no precisamente conmigo. Se escribía con un marica que era pintor y le enviaba cigarrillos en las cartas. Al poco, el otro le mandó en un sobre dinero para el viaje y el Román me abandonó por segunda vez recíproca. Tampoco sería la última.

Se vino a Madrid con el maricón. Estaban los dos instalados en la Cava Baja de patrona. El pintor pintaba cuadros y mi marido no pintaba más que la mona. Los domingos se iban al rastro a vendérselos a los marquesos y asín iban tirando. A mí no me mandaba ni una gorda. Estuvo como tres meses hasta que el pintor se lo quitó de encima. Entonces vino a recogerme prometiendo que había encontrado colocación. Tiramos para Arjona y mi suegra, al igual de regañarle, cogió una garrafa de vino y se metieron los dos en el cuarto a comer y a emborrachase. Es que mi suegra también le daba al trinque. Le gustaba más el vino que al chivo la leche. Decía que, como antes no había agua corriente, ella bebía sólo vino. Conque yo les canté las cincuenta.

Así que le dije al Román:

—No podemos continuar asín. Nos marchamos a Madrid. Tú cuidas a la niña y yo me pongo a servir.

Y eso hicimos. Nos vinimos de tope en el tren. O sea, ocultos en el lavabo sin pagar los tiquetos.

Madrid

Cuando llegamos a Madrid nos instalamos debajo del puente de Legazpi. Entonces no se estilaban las maletas. Traíamos el macuto como los toreros, con el hatillo colgando del banderillo. A mi marido, como había sido pastor, se le daba muy bien cargarlo. Yo llevaba a la Nati en brazos. Se apuntaron al viaje también mi suegra y mis cuñados. Por la noche nos pasaban las ratas por lo alto de las cabezas y el Román se pensaba que eran moscones. Estaba aquello tomado por los gitanos.

Pasábamos más hambre que el pavo de la Ana María, que un día se comió los zurraspos de debajo de la puerta pensando que eran algarrobas. Una tarde íbamos andando y encontramos tirado un bote de Cola-Cao en mitad de la carretera. Salté a pillarlo y me lo puse bajo el brazo.

—Está lleno.

—¡Vaya qué bien! Aprisa, que van a pescarnos. Vamos a desayunar a casa.

Con la lumbre de las vigas del tren calentamos el agua para tomarnos unas tazas. Estábamos bien orgullosos y dispuestos a darnos el atracón, pero fui a abrirlo y estaba lleno de arena. ¡Menudo chasco nos llevamos! Seguramente el que nos había puesto la trampa se estaba riendo de nosotros oculto en cualquier esquina:

—Mira estos paletos. Fíjate para lo que vienen a Madrid.

Para sacar algo de dinero yo empecé a asistir por las casas y en una me ofrecieron irme una temporada de segadora a su finca.

—¿Sabe segar su marido?

—Divinamente.

—¿Quieren hacerlo?

—Sí, señora.

De regreso se nos ocurrió acercarnos a visitar a la madrina de la Nati, la señora don Fernando Gijón, que es la que sacó de pila a mi hija. Vivía en la calle esa que empieza en Rubén Darío y va a salir a Chamberí. Una casa grandísima, justo enfrente de los frailes. Le dijimos que nos daban mucho miedo las ratas de debajo del puente y ella nos concedió una ayuda para mantenimiento familiar. Buscó en el pediórico y nos encontró una pensión. Asín que dejamos Legazpi y entramos en una pensión con patrona de la calle Santa Isabel.

Por las mañanas me coloqué de servicio en la calle del Olvido y el Román cuidaba a la pequeña. Él me esperaba abajo en la calle como un pollo dando vueltas y, cuando se meaba la Nati, me tocaba al timbre de la casa.

—Que baje la Cándida, que hay que limpiar el pañal.

La señora, muy comprensiva, me daba permiso.

—Cándida, baje usted que se ha orinado su hija.

Yo bajaba y la cambiaba en la portería, porque la portera tenía su amabilidad también. Allí lavaba los pañales y los ponía en el patio a secarse.

Era una casa de señores y él era director de un banco de mucho pedigrí. Yo les iba a limpiar y a lavar la ropa y mi marido, con la niña, me esperaba en la taberna borracho perdido. Ése era el compañero que tuve en la enfermedad y en las alegrías... Conque la señora don Fernando

Gijón me sugirió que le dejara y que metiese a la niña en una casa de adopción para que la criaran. Yo le di aviso a mi marido de los consejos recibidos y se puso como un asterisco:

—Le vas a decir que en la casa cuna se va a meter ella con su madre. Y de abandonarme, nada. Tú te has casado conmigo y no puedes irte porque eso es contrario a la ley de Dios Padre nuestro y Espíritu Santo.

—No, Román, si visto desde ese punto de vista, es asín.

Lo único malo es que él no trabajaba nunca y la madrina acabó hartándose. Me explicó que ella tenía dinero porque su marido estaba en la colocación y que el mío podía arrimar también el hombro a la sardina.

—Cándida, dile usted al Román que es joven y puede trabajar.

De imprevisto nos retiró las ayudas y tuvimos que dejar la pensión a media noche y comprarnos una chabola en Vallecas. Nos la vendió una gitana por quinientas pesetas. Aquello lo llamaban el cerro del tío Pío. Era como una cueva. Una ésa de tierra muy grande y debajo la casa. La quinquillera a la que se la compramos tenía joroba y se conoce que, como no le tocamos la chepa, no atrapamos fortuna. La compramos un sábado y el domingo de madrugada se nos cayó encima. Hubo una tormenta y se sorprendió la tierra. Con la mala suerte que tengo, no me pilló nada más que a mí. A la niña no le pasó nada y a mi marido, como estaba de borrachera, menos todavía. Lo mismo fue cosa del Román que quería heredar para coger la herencia. Fíjate tú lo que iba a pillar: una sartén, dos platos, dos tenedores y una plancha de hierro, de esas que se ponen al fuego. Eléctrica no iba a ser, porque, como no la enchufáramos a la antena colectiva, ya me dirás...

La gitana nos devolvió el dinero y con las quinientas

pesetas nos hicimos otra chabola. Busqué la ayuda de un vecino que se ofreció sin cobrame nada y compramos en la aserradora unos palos grandes que les dicen listones. Cogimos cajones del pescado y los clavamos con las tablas. Asín me hicieron el chalé. Todo el día rodeados de gatos. Con un olor que soltaba aquello que para qué te cuento.

Vinieron del pueblo los dos cuñados y se instalaron sin preguntarme desiquiera. Siempre estaban allí pegados a la hora de comer. Nosotros tres dormíamos en un colchón y ellos se acostaban en el suelo con una manta. Cuando llovía nos caía la gotera y teníamos que poner los platos. Pasábamos la noche entera amenizados con la música de los platillos volantes. Ahí nos caía de todo: las moscas, los moscones, las ratas, los ratones, la nieve, el agua... De todo: animales, vegetales y cosas.

Yo iba a limpiar por la zona los portales que me salían a través de los vecinos. Dejaba a la niña sola durmiendo y me largaba dejando a la vecina cheposa al tanto por si le pasaba algo.

El Román, después de insistirle mucho para que trabajase, se colocó de maestro albañil, pero entre él y su hermano se bebían el jornal. Además, al pobre le robaron el Libro de Familia con la paga dentro. Un panorama de miedo. Yo limpiando escaleras, limpiando portales y pidiendo limosna y ellos a comer de lo lindo. Asín que ya dije de volvernos a Martos y por mil quinientas vendí la chabola. Empaquetamos el hatillo y estábamos al punto de marchanos cuando mi marido tuvo una imaginación y me hizo una propuesta irrechazable:

—¿Por qué no nos vamos a Valencia a la recolección de la naranja, que allí se gana mucho?

—Mira, Román, eso está muy bien calculado. Vámonos.

Valencia

Nos metimos en el tren con lo puesto y una manta. Al llegar a Játiva, como la niña empezó a llorar de hambre y podía denunciarnos de que viajábamos sin billete, nos bajamos. Estando sentados en un banco junto de la estación pasó un señor con un caballo y le pregunté:

—Oiga, ¿usted puede decirme dónde queda la carretera de Valencia?

—Sí, aquella que va por allí.

Pero el tío no se quedó tranquilo, que volvió otra vez para atrás.

—¿Para dónde dicen que van ustedes exactamente?

—Pues ya se lo hemos preguntado. A Valencia.

—¿Traen documentación?

—No. Resulta que a mi marido le han robado el Libro de Familia.

—Tengan ustedes el sumo gusto de acompañarme.

Yo pensé que nos iba a dar de comer. ¡Vaya si nos dio! Duró un año el banquete en la cárcel comiendo rancho. Entré en estado de cuatro meses del chico y salí con el chico de cuatro meses. Íbamos a recoger la naranja, salió la flor y... la fruta, ni la catamos. Acusados de no llevar el tiqueto del tren. Si estábamos sentados en un banco, ¿qué billete íbamos a llevar? Nos echaron como a las gallinas cuando las meten en el corral. Una cosa digna de maldad.

A lo visto mi marido se ajuntaba mucho con su hermano, que era un ratero y estuvo en la cárcel del Puerto de Santa María. El del caballo, que era el asistente del capitán de la Guardia Civil, sacó en el papel que teníamos los malos antecedentes. El Román por ajuntarse sin permiso, y yo, como estaba casada por la santa madre Iglesia, acusada de tener tanta culpa como él porque éramos dos cómplices. Una falta de educación grandísima. Me dijo:

—Señora, no proteste usted tanto. Sabemos que ha estado en la cárcel antes, asín que tampoco será usted el ángel guardián.

Qué le íbamos a hacer. A él le metieron en la prisión de hombres de Valencia y a mí me dejaron en el calabozo de Játiva con una quinquillera que había robado un coche y otra que había matado al novio. Era una guardilla con rejas a la calle y colchonetas en el suelo.

Mi hija Nati y yo pasábamos más hambre que las ratas. Yo seguía dándole el pecho, si no se me habría muerto. Daban de comer un cazo de rancho para todo el día. Arroz cocido con patatas guisadas o garbanzos con requetepollo. Algunas veces me daban media ración para la niña, que me la ajuntaba con la mía. Pero, con eso y con todo, me quedaba temblando. Le pedía a la recadera me trajera un paquete de sal. Hacía en el pan un pozo y le echaba un puñado. Tanta sal tomé, que me llevaron al hospital y me dijeron que tenía aluminio en la sangre. Por eso ahora me se hinchan los pieses, se me hinchan las piernas y me se hincha la vida. Con tanto aluminio se me habrá quedado la sangre inoxidable.

Al poco de ingresar nos trajeron a diez protestantes que pillaron bautizándose en el río. Eran testigas de Jovar. Se estaban bautizando unas a otras en el río y las metieron a todas recién duchaditas en la cárcel. Yo me hice muy amiga de ellas y trabajaba haciéndoles labores. Ellas tenían claros los conceptos:

—Cándida, todos somos hermanos.

Gracias a ellas pude sobrevivir, porque cuando venían a visitarlas me traían a mí también paquetes y bolsas del pan. Luego las trasladaron a todas y yo me quedé sola con la Nati. Es que aquella cárcel esa era nada más que de paso. Allí sólo estaban las que iban a pasar una o dos noches camino de Valencia. Yo estuve de paso muchísimo tiempo, porque no había quien me reclamara. Nadie me echó en falta ni fue a preguntar por mí. Menos mal que finalmente el director de Játiva escribió exponiendo el caso y ya me mudaron.

La prisión de Valencia fue un cambio buenísimo. Éramos más de cincuenta. A las madres las ponían aparte y a las solteras en otro sitio. Con niños propios habíamos lo menos diez. Deseguida me coloqué a limpiar el despacho del director ganando un sueldo. La quinquillera que había estado conmigo en Játiva cuidaba de mi hija y, al cambio, yo le daba de comer y la compraba sus nesecidades. Ésa es la única beibisíster que yo he tenido.

El director, aunque se quejaba de que le cambiaba de sitio los papeles, quedó muy satisfecho de mis servicios prestados y me recomendó para la ropería. Me pusieron a confeccionar baberos para niños pequeños. O sea, que poco a poco, pero la Cándida iba prosperando.

Las protestantes, de que salieron, me mandaban comida y me hacían encargos. A una le bordaba un picardías con peinador, a la otra una mantelería, y asín iba sacando para mantener a mi hija. Todo el día feliz, como la del cuento, nada más que coser y cantar.

Presa metida en la cárcel,
no siento ruido de coches,
no sé cuándo es de día,
ni sé cuándo es de noche.

Sólo por un pajarito
que habita en aquella torre,
cuando es de día me canta,
cuando es de noche se esconde.

Pajarito, tú que vuelas
por delante de la Audiencia,
corre y dile tú al fiscal
que tenga un poco clemencia.

A la Nati llevaba dándole pecho dos años y medio y paré en seco porque me mareé en la iglesia. Estando en misa me caí en redondo. Vino el médico y me dijo que estaba embarazada de cinco meses cosecutivos. Yo no sabía nada. Asín que en Valencia tuve yo a mi Teodosio.

Me puse con las convulsiones del parto a las cuatro de la mañana, en compañía de una comadrona que me atendió malamente. Era una que estaba condenada a diez años por haber cometido un mal parto. Cada vez que una prisionera tenía que dar la luz la atendía ella. No se gastaban en doctor para eso. A las cuatro de la mañana rompí las aguas y a las nueve todavía no había nacido. Tardó mucho en venir. Un parto malísimo. Cuando salió traía la cabeza que parecía un pepino. Apepinada totalmente. ¡Menudo susto me llevé al verle! Digo:

—Bueno, ¿esto qué es, un fenómeno?

Se ha quedado asín porque ha tardado mucho tiempo en salir. Dé gracias a Dios de que no se haya asfixiado.

Le colocaron una venda muy apretada en derredor de la cabeza para que se le pusiera redonda. La tuvo varios días puesta y, luego ya, medio, medio. Pero que todavía sigue desfigurado. Está que se parece al Charli Chaplin. No le hace falta más que la garrota y el sombrero, porque hasta el bigote lo tiene igual. Muchas veces le decía a la vecina:

—Por allí viene mi hijo.

—Cándida, ¿cómo le reconoces desde tan lejos?

—Por los andares.

Pasaron los meses y a mí nadie me decía una palabra sobre mi situación. Ya pregunté y me informaron de que nos habían echado a mi marido y a mí la ley de los vagos. A lo visto, en tiempos del generalísimo Frankestein a todos los que iban documentados sin billete les aplicaban la misma receta. Eso se lo cuento yo a un ciego y le crecen las gafas. Desesperada, me vi en la obligación de pedir audiencia con el juez.

—A ver, ¿qué le pasa a usted?

—Me pasa que llevo un año detenida con mi marido, y no hemos hecho nada. Estábamos sentados tan ricamente en un banco y por preguntar por la general de Valencia nos vemos en la desgracia.

—Señora, es que como nadie les reclama para sacarlos, no podemos darles salida.

—Pues reclámeme usted para limpiarle el piso y, cuando salga, con mucho gusto la atenderé.

—No, no, si algo habrá que hacer.

Asín era. En todo el año no habíamos tenido carta de nadie de la familia. Lo único que hizo mi madre fue mandarme el Libro de Familia cuando estaba en Játiva. Ahí se acabó todo.

Pero el juez cumplió su palabra. A los cuatro días llegó un recibo con la libertad provincial. Salimos el Teodosio, la Nati y yo en un día con una tormenta de miedo. Parecía que se había asustado el tiempo de vernos. Esa misma tarde me acerqué al juzgado.

—Mire, hágame el favor de volverme a meter en la cárcel.

—¿Por qué?

—A ver, ¿qué voy a hacer yo con dos niños en un pueblo extraño?

—¿No ha salido su marido?

—No. Si saliera, a lo menos nos iríamos a nuestro pueblo y tan al gusto.

—Señora Cándida, no se preocupe. Vente usted mañana y yo le daré la solución.

Las protestantes hicieron una recolecta para pagarnos una habitación en el mesón de caridad. Le dieron leche a la niña y a mí quinientas pesetas para el chico. Al día siguiente a las nueve de la mañana recogí en el juzgado una carta para la cárcel de hombres. A las nueve de la noche, sin haber cenado, salió mi Román y le comuniqué que había sido padre en segundos intentos. Dijo que Teodosio le parecía un nombre aparente. Nos fuimos al Gobierno Civil y nos dieron el billete del tren para regresar a Arjona a casa de su madre.

Arjona

El Teodosio, como había permanecido tanto tiempo entre rejas, salió con bronquitis. La misma noche de Navidad se puso malísimo. Decía mi marido que se había atragantado de la teta, y era mentira, pero él, como venía borracho perdido y no atendía a razones, le cogió de los pieses para arriba y venga a darle en el culo.

—¡Deja al niño, que está malo! Vamos a llamar al médico.

—¡Bah, este niño no tiene nada!

Mi cuñada se ponía de los nervios:

—¡Chiquillo, que vas a matarlo! ¡Que se está muriéndose!

Y mi suegra no hacía nada más que preparar los pormenores del entierro:

—Cándida, ¿cómo le vas a amortajar? —Era lo único que le preocupaba—. Le pondrás el canesú blanco para la mortaja, ¿no?

—Espérese usted que se muera, mujer, que todavía no se ha muerto.

Al final tuvimos que irnos al policlínico. Tenía pulmonía. Le mandaron tres indiciones y deseguida se puso bien. Pero ya me indicaron que hacía falta arreglar la cartilla de beneficencia para que me dieran el seguro. Me llegué a solicitarla al ayuntamiento, donde paraban los guardias que habían mandado malos informes de mi marido a Játiva, y me acerqué a ellos.

—Quisiera darles las gracias por la conducta que le han otorgado a mi marido. Vamos, vamos. ¿Cómo se les ocurre mandar una conducta tan perjudicial?

—Señora, no podemos mandarle más que la conducta que él tenga. ¿Usted se ha enterado alguna vez de la conducta de su marido?

—No.

—Pues eso es lo que tenía que haber hecho antes de casarse con él. Haberse enterado de qué clase de familia venía.

Con que el guardia cogió un papel oficial y me lo enseñó de momento.

—Para que sepa la conducta. Aquí lo pone bien claro: «Hombre ratero y de mal vivir.»

—No, si visto desde ese punto de vista, asín debe de ser.

Muchas veces íbamos de quintería una semana o quince días a un cortijo a coger la aceituna. De aceituneros altivos. Estuvimos yendo al Cortijo Rincón, al arroyo del Gato, al cerro Viento... Por todos los rincones durmiendo revueltos en el suelo. Íbamos lo menos cinco o seis cuadrillas en una jalea real tirada por mulos. Cada cuadrilla era de seis. La nuestra estaba compuesta por mí, mi madre, el Román, mis dos hermanos y mi tía Carmen. Mi marido iba siempre cantando:

Debajo del delantal
tienes un puchero negro,
te lo tengo que llenar
de leche, chorizo y huevos.

Iba toda la gente riendo con él. Es que siempre, siempre, estaba borracho. Después de coger la aceituna, se iba al cortijo y se pedía una botella de vino. Siempre borracho.

Como estaba embarazada de la Esperanza, me ponía a recoger las aceitunas salteadas. Las que estaban apartadas de los árboles, porque con la barriga no me podía hincar de rodillas. Las contábamos por fanegas. Una espuerta grande era una fanega y los esportillos pequeños, que les decían cuartillas, eran media. Había que llevarlas todas al montón, pasarlas por la limpia, quitando las hojas, la tierra y los chinos, y meterlas en sacos, que tenían que ser de goma porque si no se escurría el aceite. Se trabajaba de lo lindo, pero la gente era muy alegre y se cantaba mucho:

Aceituneros del pío, pío,
¿cuántas fanegas habéis cogido?
Fanega y media y el culo frío.

En los olivos mi marido se ajuntaba con el marido de mi tía Carmen. Tampoco le hacía ascos al vino ése. Era persona simpática. Se llamaba Manuel, pero le decían Pepe, que es el diminutivo.

ALREDEDOR DE
MIL NOVECIENTOS SESENTA Y PICO

Otra vez Madrid

Mi marido seguía lo mismo: pegándome. Nada más que pegarme, darme mala vida y no trabajar nunca. Me partió la nariz, asín que le dejé con su madre y su hermano y me volví a Martos. De que llegué tuve a la Esperanza. A las nueve me entró el dolor y a las nueve y media di la luz. Le dije a mi madre que me encontraba malamente y mi madre le dio una voz de alerta a la vecina:

—¡María, venga, vámonos!

—¿Qué pasa?

—¡La Cándida, que ha soltado las aguas!

Bajamos al hospital de la Carrera y deseguida la tuve. Tres días pasé en el sanatorio. Lo normal, porque más de tres días no te aguantan en ningún sitio. Se presentó el Román a buscarme y, aunque yo no tenía ninguna intención de recibir más golpes, me convenció mi madre de que a los hombres había que quererles. Total, que, como él dijo que iba a cambiar radicalmente, que iríamos a la vendimia y que el trabajaría, nos cogimos y nos vinimos a vendimiar a Valdepeñas de La Mancha con su hermana y con mi madre. Todos vendimiando menos él, que sólo hacía caso a la botella. Bueno, a la botella y a uno que era pescadero. Le conoció en el mercado y todos los días se aprendía con él. Todos los días. En mitad de la faena me dejó allí sola y desapareció. Huyó a una pensión con el hombre ése, en vista de lo cual ya me propuse separarme definitivamente para los restos, amén. Dijo mi madre:

—Cándida, déjalo a ver si revienta. Tú y yo nos vamos a Madrid a pedir trabajo.

Aterrizamos en el Pozo del Tío Raimundo Díaz, en casa de una vecina de mi pueblo a la que le pedimos los primeros auxilios y, de momento, nos cobijó. Yo me puse a mendigar por la calle con los tres niños y me salió un señor al paso:

—Señora, este hijo de usted está enfermo.

—No, de ninguna manera.

—Que sí, que el niño no está bien.

Conque me llegué a la Casa de Socorro y efectivamente. Me descubrieron los médicos que el Teodosio tenía el sarampión por dentro y se hacía preciso internarle. Yo les expliqué que no teníamos seguro y ellos mismos me dieron un volante para el hospital del Rey. Le tuvieron ingresado unos quince o veinte días. Cuando fui a verle estaba en un bote de plástico con unos cristales dentro que no me dejaban tocarle.

—¿Qué le pasa?

—No se puede ver porque lo suyo es una enfermedad contagiosa.

—Pero, ¿qué es lo que le pasa?

—Que tiene varicela.

—Fíjate tú. Tan pequeñito y ya con problemas de varices.

En casa de la vecina duramos un mes. No se podía estirar más la estancia porque no cabíamos. Hube de adoptar soluciones drásticas y dividir la familia en dos tandas. Mi madre y las niñas se volvieron al pueblo en espera de mejores tiempos y yo me eché a la calle con el Teodosio. Dormíamos en las aceras hasta que pude conversar con las monjas y exponerles que, como mi marido estaba de la manera que estaba, me urgía meter al niño en la casa cuna. Me escucharon y tramitaron el caso. El Teodosio permaneció en la inclusa hasta los catorce años. Estuvo estupendamente atendido. En vacaciones le sacaban y se lo prestaban a una familia pudiente que le usaba como hijo. En uno de estos intercambios, precisamente, fue donde le curaron la bronquitis poniéndole un ladrillo ardiendo en el pecho y por poco me le queman vivo.

* * *

La primera casa en que me coloqué estaba en la avenida de José Antonio 45. Un piso grande con los baños a estrenar. La señora era una tía más borracha que la madre que la parió. Una borracha de espanto. Estaba enfadada con el marido, que tenía una fábrica de plásticos y decibelios. Él era una persona fina y elegante a la par que sencilla, pero tenía una querida y su mujer se había echado un amante para compensar. Tenían tres hijos pequeños y tres o cuatro perros medianos. Me daban setecientas pesetas que mandaba semanalmente todos los meses a Martos para la manutención familiar.

En aquella casa comíamos a todas horas sopa. Era un caldo detrás de otro. De eso se me han caído a mí los dientes tan pronto: de no utilizarlos. Cuando iba al mercado no llevaba otro encargo que el de comprar dos kilos de huesos con el tétanos dentro. En la olla los cocía y hacía sopas de estrellitas, de fideos, de sémola... Cada vez una variedad distinta. Luego los huesos se los llevaban para los perros, que los tenían por Marcelo Usera, en la fábrica. En la plaza, de que me veían venir, me hacían un examen.

—Oiga, señora, ¿en su casa no comen más que huesos?

—Lo que hay. Aquí, manteniendo a los perros, nos mantenemos todos. Nosotros nos comemos el sabor y los perros se comen la sustancia.

La mujer dormía en la habitación de los niños. Cuando se iba el marido, salía ella de fiesta. Venía de madrugada y, para que no la viese el señor borracha, se acostaba en mi cuarto. Estaba la cama de la cocinera y, pegadita, la mía. Yo aquí y la señora metida en la de la cocinera. Ya ves. Duré ocho meses. Yo pasaba todo el día en la casa porque, estando sin familia ninguna en Madrid, no tenía ningún sitio adonde irme. Ni domingos ni fiestas libraba. Bueno, salía una vez al mes el día que me daban en la casa cuna para ver al Teodosio. Era por la mañana de nueve a una, que por la tarde no le dejaban ver. Pues se conoce que la señora no estaba conforme. Le parecía mucha libertad, y ya en una ocasión que volvía de visitar al chico me la encontré echa un topo. Enfadada una cosa mala.

—Lo siento mucho, pero asín no podemos estarnos. No puede largarse usted a ver a su hijo, con todo lo que hay que hacer en la casa.

Ya ves, un día al mes y le parecía mucho convenio.

—Pues señora, no se preocupe que no tenemos que estarnos. Si usted no quiere, pues me voy y santas pascuas.

No dijo nada de momento, pero al mes siguiente, de que me fui a ver al Teodosio, me abrió la maleta, me registró todas mis cosas y me quitó una faja y una falda: la ropa que ella me había dado. Al darme cuenta del hurto, como yo le había hecho muchas labores, le pedí que me devolviera todo lo que le había bordado.

—Eso no puede ser, Cándida, lo que se da no se quita.

—¿Ah, sí? Usted me ha enseñado, señora. Me regaló una falda que me la tuve que arreglar y después me la ha quitado. Agradezca que no la denuncio, porque debería acercarme a la iglesia, confesarme y contarle al cura lo que me ha hecho, para que lo supiera todo el barrio y se le cayese la cara de vergüenza.

Una tía más borracha que una uva. Cogí y me fui a pedirle consejo a la portera de la calle del Olvido. La mujer, como me apreciaba muchísimo, me dijo que asistiendo por horas se ganaba más que estando linterna.

—Cándida, vete usted a una agencia. Es mejor colocarte de asistenta. Las mujeres que están linternas tienen el techo cubierto, pero el sueldo es más reducidamente.

Ella misma me indicó la dirección de una agencia. Me presenté y, en efecto, deseguida me colocaron en casa de los dueños de una pescadería. A la señora la decían Merce y a él Marcelino. Les sobraba el dinero de despachar el pescado y lo metían en los bolsillos. Yo echaba a remojo los pantalones y salían los billetos bailando por encima de la lavadora. Siempre les lavaba los billetos. Estaban más limpitos... y quedaban planchados. Los ponía estirados a secarse en los baldosines de la cocina. Un escaparate de billetos grandísimo. De quinientas pesetas, de doscientas, de veinte duros, de cincuenta... Parecía un museo. Él rebuznaba:

—Cándida, ¿por qué no miras en los bolsillos? El día que te encuentres un cheque verás como lo vas a estropear.

Comía con ellos y luego me iba a limpiar portales. Trabajando donde Marcelino es cuando me llegó el aviso de que mi padre había muerto con dos pagas.

El posibilitado

En el número 55 de la misma calle, la portera me ofreció dormir en su casa al cambio de hacer las escaleras y atender a su familia. O sea, me propuso hacer de portera de los porteros y yo acepté de buen grado. Se llamaba Catalina y vendía pediódicos. El marido era un portugués que había luchado en Toledo y estaba jubilado de guerra. Era muy malo. Un tío más raro... Se llevaba muy mal con la mujer y siempre estaban regañando. Yo dormía en el comedor en un sillón porque tenían cuatro hijos y apenas había espacio. Me levantaba y, antes de marcharme a la pescadería, tenía que lavarles la ropa y hacerles la comida. Vivía como la Cenicienta, lo único que, a viceversa de un príncipe, a mí vino a rescatarme uno en carrito de ruedas.

A la portería se llegaba de visita todas las tardes un matrimonio. El señor se había quedado posibilitado del tiempo de guerra, del reuma y eso, y trabajaba en un carrito de motor con el que iba vendiendo pipas. Tenían tres hijos: la Encarna, el Pedro y el Mariano. Este último se había quedado en un coche de ruedas porque le dio como una paralís. La poliolitis le decían. Yo le conocí en esas visitas y empezamos a salir juntos. Íbamos de paseo en el carrito motorizado. Yo atrás, que tenía un asiento. Íbamos al puente de Legazpi y nos paseábamos para arriba y para abajo. A veces parábamos, se bajaba él al suelo y nos sentábamos un rato a comer chucherías. También muchas veces íbamos a su casa del barrio de Pan Bendito Sea Dios. Era un piso bajo. Dejábamos el carro en la calle aparcado y él subía a las rastras. Todo lo iba andando a gatas porque las piernas no le circulaban. Para bajarse del carrito se apoyaba en una silla y se tiraba al suelo. Para montar, lo mismo: se venía arrastrando, se agarraba a las ruedas del coche, se subía y ya está. Siempre a las rastras.

Fruto de la relación al poco caí en estado del cuarto. Que es por lo que le puse de nombre Mariano, porque no es de mi marido, sino del posibilitado.

Por aquel entonces mi marido trabajaba de peón en la Puerta de Toledo. Estaba parando en Cava Baja con su hermano el Toribio en una pensión de patrona. Yo me acerqué a verle para que me diera la cartilla y poder ingresar en el sanatorio. Me salió contestón y me dijo que, como él no era el padre del niño, no tenía por qué dármela; que me la diera su padre político. Asín que me fui a parir a la casa de las Madres de Caridad, que hacían el servicio gratismente. Pasando Goya, allí nació el Marianín.

Estando en cama apareció el Román. Yo no quería saber nada de él, pero seguramente le susurró a la monja que era el padre del niño, porque le permitieron el paso y le hicieron firmar. Para cuando quise acordarme, ya había conocido al niño con su apellido. Al Mariano eso no le cayó bien. Se temía que luego, a lo mismo, nos quitara la paternidad del niño. Se enfadó una cosa mala. Hasta que le convencí de que casi casi era mejor asín.

—Mira, en cambio de tener cada chico con un apellido distinto, mejor que lo tengan todos iguales.

Él comprendió de momento. Es que era un hombre poliolítico, pero nunca ponía óbice, cortapisa o valladar.

Aprovechando las circunstancias, mi marido me habló de juntarnos otra vez. Contesté que no, que le agradecía el piropo, pero que, la verdad, yo ya no le quería. Igual le daba, se personaba en la portería borracho para pedirme que me fugara con él. Yo venga de que no y él muy reiterativo:

—Tía serda, después de haberte conocido al niño y todo, ¿me vas a hacerme esto?

—Yo no te lo he mandado, Román. Yo no te he llamado al sanatorio.

El Mariano salía a la puerta y le echaba menudas las broncas. Le decía que él no había sido una buena persona. Que eso ya dependía de mí, pero que, como no era buen marido, yo había hecho muy bien en dejarle. Que se fuera. Y ya el portero le echaba a la calle. No le dejaba pasar. Si venía a molestarme, él le decía que allí no tuviera por qué ir. Entonces le entró un coraje grandísimo y se marchó a la

Legión. Se tiró tres años hasta que regresó. ¡Ya lo creo que regresó! Vino y tuve cuatro embarazos en fila.

* * *

En la calle del Olvido me informaron de unos señores que tenían una tienda de ropa y eran dueños del edificio. Como ya estaba harta de quitarle la mierda por la cara a la portera hablé con ellos y les hice una proposición desinteresada:

—¿Por qué no me alquilan una vivienda?

—No puede ser.

Entonces se me ocurrió pedirles que, desiquiera, me dejaran dormir en el cuartito que había debajo de las escaleras para guardar las escobas.

—Bueno, si quiere, al cambio de limpiarnos los peldaños, le dejamos que se instale en el chiscón.

Me fui al pueblo a entregarle al Marianín a mi madre y nada más retornar tomé posesión de mi nueva vivienda. Venía amueblada: un cordón de la luz con una bombilla y un grifo. ¡Estaba eso de humedades que daba miedo! Puse un colchón y fue peor, porque la lana chupaba la marea como las madalenas absorben el café con leche. Me levantaba a las siete de la mañana con el cuerpo del delito flotando en el agua que se acumulaba durante la noche. Desenroscaba la bombilla del casquillo a base de calambres, puesto que los pieses descalzos me hacían contacto en los charcos, y subía a un trastero que también me habían dejado para poder guardar la ropa. Me pasaba el día con la bombilla de arriba para abajo: del casquillo del chiscón al casquillo del tejado. Ya arreglada, limpiaba la escalera y me iba a trabajar con los pescaderos, hasta que tuve que salirme por problemas económicos con la señora.

Me solicitó que le pintara la casa. Una buhardilla donde me caían las telarañas y me tapaban la cara. Cuando terminé de pintarla me escribió mi madre pidiendo que le mandase unos retales de Galerías Preciados para hacerles unos vestidillos a las niñas. Me pasaba los días dándole la lata a la señora, que no me quería dar el dinero. Hasta que un día la presioné:

—Señora, a ver si me paga usted, que me hace falta.

—Pero, hija, si te he estado pagando regularmente todos los días.

—Usted me ha pagado por horas, desde las nueve hasta las cuatro de la tarde, pero hasta las doce de la noche no me ha pagado usted, y esas horas me las tiene que pagar aparte.

Conque se puso muy revenida y me metió ciento cincuenta pesetas en el pecho.

—¡Toma!

—¿Ah, sí? Ahora mismo me voy.

—¿Por qué?

—Porque yo, para ganarme esta miseria, me sobra el trabajo.

—Y me salí.

* * *

Me escribió mi hermano el Quique diciendo que le mandara algo para casarse. Me fui a Cascorro y le compré un traje corriente, una camisa y una corbata. En el mismo paquete mandé el corte de tela para las niñas y se lo quedó mi cuñada para confeccionarse el vestido de novia. O sea, que se casó estupendamente, con un traje de chaqueta natural adornado con dibujos de ositos en rosa.

Yo llevaría unos seis meses en el chiscón cuando la madre del Mariano me sugirió recogerme. La mujer veía que no podía continuar en esa situación, criando un reuma que no me podía ni tener en pie. Me dolía todo el lado del cuerpo muchísimo. Un dolor de lado terrible. Acepté las ofrendas y me metí con ellos en Carabanchel, en la colonia del Pan Bendito Sea Dios. A pesar de la humildad reinante, comparado con mi origen de procedencia se me antojó que vivían a todo complot.

Mi Mariano me solicitó que recuperara al niño y me bajé a Martos a por mi Marianín, que estaba muy gordito y francamente muy sano. Según regresé se casó su hermana. A partir de ahí quedé yo responsabilizada del cuidado de la familia: la madre, que estaba medio ciega, el padre, que estaba posibilitado, el Pedro y mi Mariano.

La madre era muy bondadosa, la mejor de la familia. Unas veces guisaba ella y otras veces guisaba yo. El hermano, el Pedro, era bueno también, pero muy perro. No quería trabajar bajo ningún concepto. Quería vivir a cuestas de los padres. No hacía más que pasearse y ya está. El único que se esforzaba era el Mariano, que le daban una pensión de tres mil pesetas y se iba a la puerta de la tabacalera de Embajadores a pedir. Un ejemplo de preponderancia.

Dando trompos

Estando refugiada con ellos fue cuando me salió el palacio de la calle San Mateo. Me surgió por una amistad que me preguntó si quería irle a ayudar a la cocinera a fregar los cacharros. Era una condesa que no me acuerdo qué título mobiliario regentaba. Ésa tenía en casa el trono del rey con todos sus complementos. Era bajando en Alonso Martínez, una casa que da a cuatro esquinas. Un palacio grande grande. La portera me abría y yo despachaba con ella, que era quien me pagaba. Lo primero que tenía que hacer cuando entraba era lavarme las manos con alcohol.

—Señora Cándida, se tiene usted que desinfectarse.

—Deseguida me mandaba a pulir la plata en una habitación más grande que un gimnasio. Allí todo era de oro. Estaba el trono del rey y el de la reina. La dueña tenía una hija que vivía en el piso de arriba. Me parece a mí que la hija era la condesa y ella era la reina, o algo asín. Por ahí, por ahí andaba la cosa. La hija tenía dos niños pequeños y rondaría los cuarenta años. O sea, que todavía tiene que existir, aunque yo he mirado las fotos de las bodas de las meninas y no he podido reconocerla.

La madre era más buena que el pescado congelado. Viuda, pero buenísima, que lo cortés no quita lo paciente. El señor, pobrecito, se había muerto de cúbito supino. No sé quién era, pero estamos hablando de una persona importante, importante. No había más que fijarse en el trono con las dos sillas que, me explicaron, pertenecieron al monarca Alfonso del Real. Totalmente doradas. Estuve yo limpiando ese castillo durante seis meses. Seríamos lo menos cuatro criados. Tenía chófer, mayordomo y otra chica que hacía la limpieza conmigo. Pero el sitio daba sensación de abandono. Los sillones y los comodines más bien parecían coladores por la cantidad de agujeros. O sea, todo de rey, pero apolillado. Aunque, la verdad sea dicha, daban fenomenalmente de comer. Filetes y chuletas. Una comida que se te saltaban las lágrimas.

Cuando dejé de codearme con la aristocracia me puse a pedir con el niño. En la calle conocí a doña Matilde y empecé a trabajar con ella. El Marianín tenía dos años, y cada vez que venía conmigo doña Matilde le daba al chico un puñado de galletas. Era muy buena mujer, pero se le fue la cabeza. Natural. Es que tanto como tuvo que pasar la pobre... ¡Demasiado! Resulta que su hijo, el Pepín, se dio al alcohol, se divorció, le vino la patitis y le internaron en el Alonso Vega. A su marido le cortaron una pierna primero y después le cortaron otra. Le fueron recortando hasta que se quedó en nada. Al principio tenía el pie malo, le salió no sé qué y le cortaron hasta la rodilla. Luego hasta la cadera... O sea que se quedó para el arrastre y murió en el asilo recién operado de cataratas.

Me decía doña Matilde:

—Venga, Cándida, lávame los pieses.

Echaba agua en un barreño, se los lavaba y, deseguida, aumentaban las peticiones.

—Córtame las uñas. Ven para acá y me arreglas un poquito el pelo.

Le ponía los rulos y ella seguía con los encargos:

—Hazme las habitaciones.

—Yo accedía obediente y al instante aparecía ella:

—¿Por qué has pasado a mi habitación?

—Hombre, ¿no me ha pedido que pase a hacerle la cama?

—¡A mi cuarto tú no tienes que entrar!

—Me salía.

—¿Adónde vas?

—Señora...

Me cogía cada berrinche y me pegaba cada panzada de llorar que dejé de ir. Ya lo decía su propia hija:

—No hay quien pueda aguantarla.

—En una ocasión estaba limpiando las baldosas del cuarto de baño subida en una escalera automática, de esas que se abren. No debí fijarla bien y me fui para abajo. Se me quedaron las piernas enganchadas en los hierros, con los pieses colgando y la cabeza metida en la taza del váter. ¡Menudo golpe! No me podía soltar.

—¡Auxilio, auxilio!

Pero que el auxilio no venía. Como era una casa tremenda que daba la vuelta a todo el edificio, para llegar de una punta hasta donde yo me atranqué había que hacer noche en el pasillo. Y yo gritando:

—¡Señora! ¡Señora!

Cuando por fin llegó, encima se puso a regañarme.

—Pero ¿qué haces haciendo títeres?

—Pues que me he caído.

—¿Cómo no me has llamado antes?

—Si estoy harta de llamarla y no me contestaba bajo ningún precepto.

La mujer carecía de fuerzas para ayudarme y, para colmo de males, con el nerviosismo se agarró a la cadena y me pegó una ducha. Allí aprendí por qué abren los peces tanto la boca cuando están debajo del agua. Una cosa mala. Como pude me salí y bajé al médico. Se me puso la pierna tan negra como la boca del lobo.

—Túmbese en la camilla —me dijo el doctor—, que como le siga dando estos sustos al corazón la voy a tener que colocar un pasatiempos. ¿Por qué no se da de baja?

—Porque trabajo sin seguro.

—Como tiene la pierna no puede trabajar.

—Pues no me queda más remedio, asín que, ¿ve?, ¡ya se me ha curado!

Se conoce que tenía la carne sorprendida del hueso. La pierna completamente abollada y negra. Bueno, como la tengo ahora. Me ocurrió por darle Cangurín a la pared de baldosas. En el bordillo de la bañera puse un pie, fui a apoyar el otro en la escalera automática, hice asín y... ¡catapúm!, se me quedó la pierna doblada. Ahora lo que hago es que me meto dentro de la bañera y asín ya no me caigo más. Es que hay que estudiar para saber las cosas.

* * *

A todo esto ya tuve al Julián. Iba en el autobús y le alzó la voz el cobrador a un chico:

—Levántase usted, que ésa va a ser madre.

Iba lleno y nadie me dejaba el sitio. Lo normal. Los jóvenes son los peores. Se hacen los disimulados y se ponen a leer. Además que es obvio que ellos saben que estás depieses porque se les nota en la cara, que se ponen colorados. Se les sube el color de la vergüenza, pero levantarse, no se levantan. Cogen el libro y lo ponen al revés, que se ve perfectamente que no lo están leyendo. Una persona mayor o un cojo te deja, pero, ¿los jóvenes?: leyendo. Una cosa mala. Conque ya el cobrador tuvo que demandarle a uno que me dejara y en el mismo autobús rompí las aguas. Había una barra y, cuando me entraban los apretones, me agarraba fuerte. Fue rápido. Llegué al hospital, me puse el camisón y me apresuró la enfermera:

—¡No se acueste, no se acueste! Véngase conmigo.

Me auparon a la camilla y me llevaron al quirófano. Iba a montarme en el borrico y lo mismo:

—¡No se suba, no se suba!

Para cuando vino el médico, ya estaba el niño medio cuerpo fuera. Con nada que hubiera tardado un poquito más se me cae el chaval al suelo. ¡El único parto feliz que tuve! Si me descuido me sale conductor de autobús.

A los tres días dejé al Julián y me puse al tajo. Doña Matilde me recomendó al doctor Aguado, médico operario de La Paz, y entré de asistenta a su servicio. Los días libres salía a pedir y hacía contactos profesionales. Asín entablé amistad con la señorita Encarnita, que me dio una contrata para empapelar las paredes de su casa. También me ofrecieron limpiar un bar en el paseo de la Florida. Surgían muchas oportunidades, y yo encantada, porque cuanto más ajuntaba, más ahorraba.

* * *

En Cava Baja me salió una casa que la llamaban de citas. ¡La madre que le parió! Todo el santo día lavando un chorro de sábanas interminable. Encima, un día sí y otro también se me presentaba la policía haciéndome un interrogatorio:

—¿Dónde está la dueña de la casa?

—No se lo puedo decir, señor superagente.

—Es que la ha denunciado la vecina de abajo y queremos hablar con ella.

La dueña estaba allí escondida debajo del somier. No quería dar la cara porque le entraban matrimonios por la noche y la de abajo decía que no le dejaban dormir. Ella me había cursado instrucciones precisas:

—Si vienen las fuerzas preguntando por mí, tú les dices que no estoy.

Y yo, mismamente, se lo notificaba a la autoridad vigente.

—Que dice la dueña que no está.

—¿Cómo no va a estar? Esta mujer tiene que andar por aquí porque hemos estado ojo avizor en el portal y no ha dejado huellas.

—Pues si ella dice que no está, será porque no está.

Un día me puso una comida muy perjudicial y me quedé malísima. Toda llena de granos. Me fui a quejar y me salió con una oferta:

—Oye, Cándida, usted no tenía que trabajar tanto. Usted tan bien parecida y tan bien puesta que está, no tenía desiquiera necesidad de echarse al suelo.

—¿Por qué?

—Porque hay muchas maneras de ganarse el dinero.

—No será como usted manda.

—Usted qué es, ¿soltera o casada?

—Casada, pero mi marido está en la Legión de Honor.

—¿Y cómo es que está usted trabajando? Yo no me estaría asín.

—Pues yo sí. Más vale ganarse un duro bien ganado que dos malamente. Además, asín está usted dispuesta a cogerse una enfermedad penérea.

—Bueno, Cándida, mañana me vienes temprano.

—Mañana ya no cuente conmigo. Yo tengo que ganarme el pan honradamente, y si a usted le gusta esta vida, a mí no me hace efecto.

Ya no volví a verla más. Me dediqué a enseñarle a coser a la madre del Mariano. A hacer vainica doble, gallinita ciega... La pobre no tenía ni idea. Ni ella ni la hija. Les di un curso de la universidad gratis y, entonces, se me abrieron los ojos. Me puse pensativa y me nació una reflexión:

—¿Qué adelanto yo estándome aquí con un hombre asín? A ver... Yo trabajando por todas partes y teniendo que mandarles dinero al pueblo a mis hijos. Él, totalmente posibilitado de las piernas por la poliolitis, sin poder servirme de ayuda.

Me armé de valor, decidí bajarme a Martos a ver a las chicas y convencí a mi madre de que me firmara una receta de recomendación para que me recibiera don Felipe hijo.

En el pueblo me peleé con Villica la Urraca porque se colocaba en la puerta de mi casa y empezaba a insultar a mis hijas. Fue la única pelea que yo he tenido en mi vida, pero que, si la llegan a retransmitir por Eurovisión, me gano el premio. Estuve muy acertada en los golpes y en la defensa personal. No había derecho. Un día tras otro, la Nati y la Esperanza estaban durmiendo la siesta y los hijos de la Urraca se venían a criticar:

—¡Pacocas! ¡Pacocas! ¡Pacocas!

Salí como un galgo:

—Anda, ir a llamar a vuestra madre.

La Urraca salió hecha una fiera y me abalancé sobre ella. Ni mi madre ni nadie había que me soltara. Se montó una de miedo. Bajaron hasta del ayuntamiento los guardias.

—Esto lo vamos a pasar al juzgado.

—A mí como si lo pasan por la turmis. Ustedes verán. Si llegamos a juicio me van a tener que pagar el viaje de ida y de vuelta, porque, por haberle arrancado los pelos a ésta, no me voy a volver yo de Madrid. Si tuviera que venirme, sería por haberla matado, pero, por sacarle sólo unos pelos, no me compensa el trayecto.

Las autoridades se quedaron pasmadas, sin capacidad de reacción nuclear.

—Bueno, anden, mujeres, vamos a dejarlo.

Yo no le había hecho sangre, ni mucho menos. Nada más que tirones de pelo, pero en cuanto la vi salir hecha un monolito me dio una rabia grandísima.

—Villica, ¿qué es lo que pasa? ¿Qué es eso de llamar Pacocas a mis hijas?

—Anda, anda. Ya te las puedes llevar a Madrid, que están dando más guerra que para qué.

—Están con su abuela y no molestan. El problema es tuyo. Tú, lo que tendrías que hacer es recoger a tus hijos y no tenerlos en la calle.

Se puso como una gallina. Me abalancé sobre ella.

—¡Ven acá para acá, que te voy a cortar la coleta!

Le puse la cabeza como una huevera. Y, mira tú lo que son las cosas, desde entonces ya era la mejor amiga que tenía yo en el pueblo. A partir de ahí era ella la que le escribía las cartas a mi madre y todo. Más mansa que un cordero. Ya no se metía ni con las chicas. Me dijo mi madre:

—Mira, Cándida, a ver si vienes tú con más frecuencia por aquí a dar palizas.

Funcionó de momento.

Me dirigí con la receta de mi madre a visitar a los hermanastros de mi hermano: don Felipe, don Domingo y don José. Ellos aún no sabían que eran mis hermanastros, asín que me vi en la obligación de notificárselo.

Primeramente fui a ver a don Felipe al paseo de la Castellana. Trabajaba en el Sindicato de la Vivienda, en la séptima planta. Me dijo la secretaria que se lo contara a ella y yo le expliqué que era de Martos, que había estado mi madre faenando en el hotel Pelotas y que mi hermano era hermanastro de su jefe. Entonces se puso a llorar, con la cara perdida de churretes negros, y no reaccionaba.

—Señora, si la que tenía que llorar soy yo, que el hermano no es suyo. Usted mire a ver si me puede dispensar ayudas.

Y ya la mujer se metió al despacho, comentó el asunto y me firmó un cheque de cinco mil pesetas de parte de don Felipe. De paso me preguntó si quería ir a su casa un día en semana. Respondí afirmativamente y, al poco, me puse a servir en casa de la secretaria. Estaba casada y su marido era muy cariñoso y muy bien plantado. Vivían en Antón Martínez. Ella era alta y gorda. Tendría unos cuarenta años o por ahí. La señorita Marilín le decían. Ésa es la que me asesoró en materia mobiliaria:

—Mire, Cándida, usted eche la solicitud de un piso.

También visité a don Domingo. Trabajaba en el mismo edificio que el hermano, sólo que en la planta de abajo. Era encargado de los del campo, de los jornaleros y eso. Hablé con su secretaria, que era un hombre y le decían «don Secretario». Nunca llegué a hablar con él personalmente. Nunca me podía recibir. Jamás. Y don Secretario me recibía medio, medio.

Al otro hermanastro, a don José, que era ministro, me fui a verle a su casa, pero no me dejaron pasar. Había un policía guardando la puerta, le dije a lo que iba y me permitió el libre acceso.

—Suba.

Arriba me dijeron que trabajaba en privado como abogado detrás de Correos, en la oficina del Ministerio de Justicia. Me llegué, le dieron aviso, el hombre se incorporó y estuvo hablando con el conserje:

—A esta mujer atiéndala lo mejor que pueda, que es mi paisana. Lo que sea, que tome nota la secretaria y que ella me lo pase a mí. Que lo deje en la mesa, que no la puedo atender ahora.

Le conté lo que pasaba y habló con su hermano. Eché la solicitud del piso y entre unos y otros me lo arreglaron. En diciembre me dieron las llaves.

El piso

Conseguí el piso moviéndome. Hay que moverse para no estarse quieto, porque el que lo anda, lo consigue. Mientras los chicos estuvieron en Andalucía yo iba guardando uno por uno los resguardos de los giros que les mandaba y, cuando ya tuve lo menos treinta e iban a repartir las viviendas, me acerqué a enseñarlos como prueba de que me hacía falta trasladar a mi familia.

—Es que ellos están pasando fatigas allí y yo aquí. Usted puede figurarse que no puede ser.

Y en el mes de diciembre me llamaron:

—Cándida, pásate por la oficina, que ya has conseguido la casa.

Me dijeron que las había de dos millones, de cuatrocientas cincuenta, de doscientas cincuenta y de ciento veinticinco. De dos habitaciones y de tres.

—¿Con cuál se queda?

—La que salga más barata.

Y me la dieron de tres, que valía cuatrocientas pesetas al mes a cincuenta años vista. Ahora estará al punto de caducar la hipotenusa del banco. La señora don Fernando Gijón me prestó las novecientas pesetas de entrada y me dieron el llavín. Cuando llegué a San Blas, allí era todo campo. Un descampado grandísimo y, en medio del desierto, las torres ésas. Eran casas que las hicieron para los del Gobierno y que, luego ya, se las dieron a las familias numerosas. Al lado del portal dejaron un montón de escombro y plantaron dos arbolillos que más bien parecían palos de escoba con dos hojitas pegadas. Con el tiempo, al montón de ladrillos le salió hierba por arriba y se incorporó al paisaje junto a la parada del autobús.

No tuve otro remedio que separarme del Mariano. En un bar del paseo de la Florida me regalaron media docena de platos, media docena de sillas y una mesa para ir tirando. Me apreciaban mucho porque guisaba para ellos al gusto de los dueños. A las tortillas, para ahorrar un poquito, no les poníamos huevos. Llevaban una besamel con una chispa de vinagre, levadura y colorante de azafrán para coger el amarillo. Como mucho, a veces, si los dueños estaban de enhorabuena, se echaba una yema de huevo batida por encima para que amarillease un poco. Con un huevo había para siete tortillas. Parecía que llevaban huevo y no lo tenían. Solamente lo habían visto asomado a la repisa al pasar por el mostrador. Como las cocretas. Decían que eran de pollo y sólo habían probado el caldo hecho con los cuellos, el esqueleto y la pastilla del Avecrem.

Asín que planté al Mariano. Francamente, si te estás con un hombre, es para que te saque de trabajar. Si no, ¡ya me dirás tú las ventajas! Además, que el piso de Trefilería era un tercero y tenía que subirle en brazos. Él se mudó pensándo que se iba a quedar permanente, pero ya le dije que no y lo entendió muy bien. No se hospedó conmigo más que los dos primeros días.

—Tú estáte en tu casa, que yo viviré en la mía.

—Bueno, Cándida, lo que veas mejor.

—Tú sigue tu camino, que yo seguiré el mío.

—Si tú lo piensas asín, pues asín es.

—Tú rema tu barca, que yo remaré mi nave.

—Que sí, Cándida, que ya me lo has dicho.

—Es que a mí no me conviene. Tengo los hijos ya conocidos oficialmente por mi marido y asín es mejor.

—Lo que veas tú mejor es lo que veo mejor yo también.

—Pues ya está todo hablado.

Sus padres también cayeron en la cuenta de que la situación no podía continuar y apoyaron mi decisión. ¿En qué cabeza cabía una mujer con tantos hijos y, encima, la carga del Mariano, que era una carga muy grande? Si las dos veces que vino al piso subió andando a las rásculas la escalera, como si fuese una serpiente... Una cosa mala. Un hombre que sólo estaba a la aventura de Dios. No tenía paga, no tenía de nada. Yo necesitaba una persona hacendosa para ayudarme, no un inocente para ayudarle yo a él. Dije adiós con el corazón al Pan Bendito Sea Dios y no volví a ver más al Mariano. Sé que se murió hinchado. La última vez que supe de él estaba tan gordo que le fallaba la respiración. Por culpa de una enfermedad comía todo crudo, sin sal y sin grasas. Él se acordaba vagamente de mí y me pidió un reencuentro, pero yo ya estaba reunida con mi marido y no podía ser. Luego me informaron de que el pobre murió a causa de un desenlace fatal.

Mandé llamar a mi madre y se me presentó con mis hermanos y toda la familia. Pasó por Socuéllamos y recogió al Quique y a la cuñada. Ellos estaban estupendamente instalados en una casa del Estado, de esas que te dan la escritura y puedes vivir todo el tiempo que quieras pero los gastos corren de tu cuenta; lo único que, el día que te vayas, tienes que devolverle las llaves al Gobierno. Pero mi hermano y mi madre no soltaron prenda, cerraron la casa y se vinieron. Fíjate los que nos juntamos: mi madre, el Quique y la Concha con cuatro hijos y yo con cinco. Duraron conmigo como un año. Vino mi cuñada de meses y se fue con la cría pequeña. No tienes más que echar el cálculo.

De que llegaron mis familiares se hicieron dueños y señores del apartamento, si bien seguía siendo servidora la que tenía que correr con todos los gastos. El Quique no trabajaba. Echaba las mañanas en casa y, por la tarde, se iba a jugar a las cartas al casino. A la chasca, que le dicen al sitio donde toman vino los hombres. La única colocación que le salió en los meses que estuvo en Madrid fue pintar de blanco las puertas de la cocina de la señora Encarnita. Ahora, eso sí, le quedaron muy curiosas. Primeramente les pasó una mano de lija del cuatro, luego pasta de relleno con la llana y, finalmente, doble repaso de pintura al aceite de aguarrás. Eso fue todo. Arrimar, lo que se dice arrimar el hombro, solamente lo arrimaba la Concha, que se colocaba en las casas que yo podía proporcionarle. Pero que... ¡tampoco! Lo que ella ganaba no era para ayudarme, sino para sus hijos. O sea, que la carga era para mí en su totalidad.

Yo iba a casa de una señora condesa en la calle Velázquez. Tenía dos perros metidos en un baño pequeño y se hacían caca hasta en los baldosines. Siempre que llegaba, lo primero era limpiarlos. Y claro, cuando la señora me ponía de desayuno una tostada con fuagrás, aquello marrón no había quien se lo comiera. Yo cogía el pan de leño y lo tiraba a la basura, con los consiguientes sofocos de la señora.

—¡Ay, al precio que está! ¿Para qué lo tira usted?

—Es que, con tanta cagarria, se me quitan las ganas de desayunar.

A mi cuñada la envié a distintas colocaciones. Iba repartiendo el trabajo. Unos días me personaba yo en las casas y otros la mandaba a ella de confianza, como asistenta supletoria. Podría haber sido el inicio de una multinacional, pero, desafortunadamente, donde quiera que le di contrata, me iba dejando la reputación malherida. Una tía ratera.

A modo de ejemplo desvelaré que en la tintorería tenían un jamón detrás de la puerta y, cada vez que hacía el turno la Concha, cortaba una loncha. Cuando iba yo se me acumulaban las quejas:

—Cándida, tienes una cuñada muy fresca.

—Demasiado.

Un día le vinieron a la tintorera unos familiares de Alicante y le trajeron una mantelería bordada. Cosa bonita de verdad, con dibujos de chinos y todos sus complementos. Estaba la mujer que daba asaltos de alegría. Pues pasaron pocos días después de haber estado la Concha limpiando y me dejó caer la señora que no le quedaban nada más que las servilletas, que el mantel no aparecía. ¡Un disgusto!... Lo mismo en casa de la americana. Tenía un montón de ropa de la madre en la terraza y se fue a América sin recoger la ropa colgada. Para cuando volvió la cuerda estaba casi pelada, conque llegué tan campante a trabajar y me cayó la tormenta de verano.

—Buenos días.

—No tan buenos. ¿Y su cuñada?

—No sé. Creo que se va a marchar al pueblo.

—¡Muy fresca! ¡Muy fresca!

—Sí, señora, demasiado fresca. Haría falta congelarla.

Ya me estaban llegando a mí quejas de los doce continentes. A cualquier sitio que fuese ya no había otra conversación que las protestas de la clientela. Mi cuñada me buscaba la ruina. Parecía que la hubiese tomado conmigo y, aposta, me estuviese haciendo un convoy para hundirme. Una cosa superior. La Concha se presentaba en el piso de San Blas lo mismo con un camisón de seda que con un abrigo de pellejo muy bonito.

—Mira lo que me ha dado la señora.

Menuda cara tenía... Se llevaba todo lo que pillaba. Como tenía la tripa embarazada, se traía hasta las sábanas con las pinzas y la cuerda de la ropa enrollada alrededor de la barriga. Mi madre la regañaba, pero ni caso omiso. Ésa cogía ropa, comida y lo que fuera.

—Es que tú no te lo sabes hacer, Cándida. Mira, yo vengo de las casas harta de comer.

—¿Cómo que vienes harta?

—¡Hombre!, porque me sé los trucos. Hay que abrirse la nevera y surtirse.

A lo visto, en la casa de Velázquez la condesa se metía con una modista que le estaba haciendo la ropa a la medida de lo posible y, antes, daba instrucciones:

—Cuide el cueceleches, Concha, que me lo he dejado puesto.

Ella cogía el cazo, se bebía la mitad de la leche y lo rellenaba de agua. Venía la condesa y preguntaba:

—¿Ha cocido la leche?

—Sí, ya ha subido.

—Pues no tiene nata.

—Sí, es que se la he quitado yo.

A mí me salió un piso de alemanes en Alfonso XIII. El señorito era pintor, y si se cagaba en mi padre yo sonreía lo mismo. Chapurreábamos por señas y no había manera de entenderse. Iba dos días en semana. Desde las nueve de la mañana hasta las dos de la tarde. Estuve hasta que falleció el marido, o sea, el pintor, porque eran dos hombres maricas y en cuanto se murió el perro se acabó la rabia. Uno cogía los pinceles y el cacharro y se iba al museo de El Pardo a copiar las Meninges de Velázquez. Dibujaba muy bien. Tenía la casa llena de retratos y luego los vendía en el Retiro. El otro se marchaba a una oficina. Los dos eran muy mayores y se peleaban mucho. Con nada que yo llegaba, lo primero que me daban era la talega del pan y los perros para sacarlos a la calle a mear. Tenían macho y hembra. Eran grandísimos. Negros. Tenía que bajarlos, y me decía la portera:

—Dígale a su amo que le ponga un culero a la perra.

Con razón, porque le llenaba de sangre la escalera y, como era de piedra mármol, daba coraje. Pero mi misión no era dar avisos.

—Dígaselo usted cuando baje, que para eso se ha licenciado de portera.

Paseaba por la puerta de Alcalá remolcada por las correas. Recorría toda la acera hasta que hicieran sus necesidades. Compraba el pan y me subía para arriba. Eso era diariamente. Todos los días tres horas: de nueve a dos. Pasaba un hambre de miedo, porque los maricas no tomaban nada más que té y yo no probaba ni el agua. Una vez, siguiendo los malos consejos de mi cuñada, me bebí una botella de leche que había en la nevera. Yo no sé si aquello sería leche de perro o qué, pero me abrasé por dentro y se me llenó la boca de pupas. Eché sólo un traguito y escupía fuego. Me dijo el médico:

—¿Ha tomado usted algo?

—¿Por qué?

—Es que tiene usted los síntomas de haber bebido aguarrás.

Digo yo que la leche debía de estar pasada, porque me vino una infección grandísima. Al matrimonio no les comenté el incidente por miedo a que se enteraran de que me había tomado la leche gratis. Si se daban cuenta me echaban los perros. Y los perros, con el hambre que pasaban... Lo que yo te diga. Un día que estaba fregando el suelo me empezaron a comer la pierna. Les pegué un par de patadas en el hocico y se fueron laudando. Me preguntó el pintor:

—¿Qué ha pasado?

—Que les he pisado el rabo sin querer.

Era un cuarto piso con una cancela que caía a la parte del Retiro. Un piso grandísimo que te perdías, y no había nada de relleno. Estaba vacío completamente. No tenían nada más que dos catres, dos sillones, una mesa para comer y dos perros. Nada más. Los perros había que ducharlos en la bañera y la ropa había que llevarla a la lavandería. Eran muy curiosos para sus camisas y sus perros.

Allí no se comía otra cosa más que bacalao deshecho con puré de patata. Echaba mantequilla, hacía puré, deshacía el bacalao, echaba queso rallado por lo alto y lo metía al horno. Salía muy abundante. Les quedaba para el otro día y al otro día no lo querían ni los perros. Se lo echaban a los perros y, como no se lo comían, lo recogían, lo recalentaban y se lo zampaban ellos. Se lo cuentas a un tonto y le salen estudios.

La huéspeda

En Trefilería seguía toda la familia refugiada y sin ayudarme. No es de extrañar que, una tarde, al llegar de fregotear, me encontrase al cobrador tomándose un botellín de cerveza mientras me esperaba en la cocina.

—¿Y esta sorpresa?

—Señora Cándida, debe usted nueve meses de recibos. Si no me paga, sepa que la van a echar a la calle.

Entonces mi hermano, muy listo, quiso aprovechar las circunstancias para apoderarse de la vivienda.

—No te preocupes, Cándida, que si tú no puedes pagarla ya me hago cargo yo. Tú te vas, yo me quedo con la casa y asunto resuelto.

Para verlo y no creerlo. Un hermano sangriento, de la misma sangre, y me trataba como a un cerdo a la izquierda. Recurrí a don Tomás, el cura del barrio, y en Caritas me pagaron un año de recibos. Otra vez volvió el cobrador. Llegué yo de la condesa y estaba el hombre esperándome echado en una cama. Ya le pedí que se levantase, le conté las novedades y el hombre me dio consejos:

—Cándida, si su hermano de usted no paga, échelo usted a la calle. ¿Para qué quiere tanta familia en casa? La vivienda se la han dado a usted, y él, que se busque la vida aparte.

—Es que me da pena de abandonarles.

—Mire, Cándida, voy a serle franco: a usted la van a echar a la calle, porque le han concedido un piso para usted y para sus hijos y usted ha abusado de la confianza depositada metiendo más matrimonios. Le doy veinticuatro horas para que elija: si no echa a toda la gente, se echa usted a sí misma. Usted verá.

El Quique insistía en que se quedaba él y que me fuera yo a la calle. Y mi madre le daba la razón.

—Hija, es mucho mejor que se quede de dueño tu hermano. Date cuenta de que él es un varón y los varones tienen que tener vivienda.

—Muy bonito, madre. O sea, que yo, por ser varonesa, no tengo derecho.

—Siempre ha sido asín tradicionalmente. Las cosas son de los hijos herederos.

—Pues la tradición acaba de cambiar; que el piso me lo ha concedido a mí la señorita Marilín.

—Contrataron un camión y me dejaron la casa como un solar. Yo le rogaba a mi madre que ella no me abandonase:

—Tú, quédate, mama.

—¿Yo? Prefiero morirme que quedarme contigo, mal bicho.

—¡Pues anda y vete con tu hijo a Socuéllamos!

Se fueron enfadados y estuvieron muchísimo tiempo sin hablarme. Es que mi madre ha sido toda la vida el ojo derecho del Quique. Al ser con el que más ha convivido, se conoce que... El caso es que, con el camión de la mudanza al ralentín en la puerta, mi madre y la Concha llamaron a la vecina para burlarse de mi pobreza:

—Mire cómo le dejamos el piso a la Cándida: más vacío que el hueco de una muela. Y no nos llevamos la cama porque nos da lástima.

¡Mentira!, que por la cama había pagado yo doscientas cincuenta en una chatarrería de los traperos. Ya ves, para perjudicarme en el vecindario, eso es lo que dijo mi cuñada.

La Concha y mi hermano se marcharon del piso de Trefilería con todos los enseres humanos, dejándome entre la espalda y la pared. Menos mal que la vecina tuvo un buen presentimiento y me recetó una solución:

—Por qué no alquilas una habitación y a lo menos con ese dinero puedes sufragarte la casa?

—Mira, vecina, muy bien visto.

De momento metí una familia. La huéspeda se llamaba la señora doña María y tenía tres hijos. Una habitación era para mí y dos habitaciones para ellos. Le pedí dos meses por adelantado para la luz y el agua y con ese dinero compré una mesa de comedor, sillas y un tocador. Ya estaba la casa rellena.

En la avenida de José Antonio, en el 75 o por ahí, había una agencia donde me daban colocaciones. Fui y me pagaron urgentemente un taxi para el paseo de La Habana. Era un matrimonio de Valencia que tenía una fábrica de jabón Gior. No se me olvidará. Estuve un tiempo y entonces ya me dijo la señora:

—Estoy buscando una chica para cuidar a mi hija por las mañanas. ¿Sabe de alguien?

—Tengo una candidata muy profesional.

Coloqué a mi Nati para el bebés y yo para cuerpo de casa. Imagínate a la Nati, que era muy chiquitilla y no tenía ni idea de nada, atendiendo a la niña. Un día, el bebés no quería comer y la señora andaba preocupada:

—¿Qué le pasará a esta niña que no quiere comer?

La Nati le había echado sal en el biberón en vez de azúcar y la niña espurreaba. Cada vez que la metía el biberón empezaba a espurrear y no lo quería. Y ya la Nati echó mano de mi experiencia.

—Mama, pruébalo a ver si es que está muy caliente.

Pegué un sorbo y aquello era salmuera.

—¡Chiquilla!, pero ¿qué le has echado, sal?

—Que se fastidie.

—No, Nati. Eso no es asín.

Con que ya nos pusimos a comer nosotras y, al rato, mi hija:

—Mama, qué quieres: ¿vino tinto o blanco?

—Blanco.

Me echó un vaso de una botella de cristal de las de tapón de plástico que había antes en la nevera. Pero no era vino, que estaba rellena con el Gior de lavar los platos. Me salía la espuma del jabón hasta por las narices. ¡Ay, qué mala me puse! Una cosa desagerada. Hasta me cagaba y todo. Me puso la Nati un Mistol con Casera. Mira, nos dio por reírnos y el cuarto lo llené de pompas. Desde luego, con la Nati era una detrás de otra. ¡Ay, qué risa con ella! Se partía uno de reírse. Era la risión.

Yo normalmente no tomaba mucho vino, una chispita con gaseosa, pero a partir de entonces lo aborrecí. Entre la bodega que había tenido metida en casa y el Gior que me sirvió mi hija, se acabó el vino para mí. Le cogí mucho asco y ya sólo tomaba agua, que el agua aclara la vista y el vino la enturbia.

En la agencia me tocó una señora que no daba trapos. Estaba en Cuatro Caminos, en la calle Jaén. Una señora sola. Viuda total. Tenía que limpiarle la cocina con pediódicos porque decía que en el tiempo de guerra no había trapos y se limpiaba lo mismo. Fregaba los hierros de la cocina y una vez bien repasado, a secarlo con papeles. Me ponía a limpiar los cristales y lo mismo. Sólo con papeles. En un barreño grande me ponía la ropa y yo, hincada de rodillas. Para cada sábana tenía que aclarar el agua. Lavaba una sábana y ¡a cambiarla! Y asín estaba todo el santo día. Aguanté una semana. Fui a la agencia a pedir el traslado, me preguntaron si quería trabajar en domingo y dije que bueno. Estaba por Moncloa la nueva colocación. Llegué y era una vieja de más de noventa años.

—Buenos días.

—Muy buenos.

—¡Venga, pase usted! Primeramente, con el cepillo de raíces me friega la pila.

—Sí, señora, con los pelos del cepillo se saca el brillo.

La pila era de estas de cemento con piedrecitas y la vieja no se me quitaba de encima dando instrucciones:

—Lave usted por aquí. Déle un poco más por allí.

—Señora, malamente empezamos el domingo.

La tía era sorda también.

—¡¿Qué me dice?!

—Que malamente empezamos el día.

—Vaya, vaya, vaya. Es usted un poquito contestona, ¿no?

—No, señora. Si hay que aguantar, hay que aguantar.

Y ella seguía:

—Frote usted aquí un poquito. Déle usted en el cerco.

—Señora, ¿cómo quiere que la deje blanca si la pila es negra?

—Usted se calla y hace lo que yo le mande.

—Pero, señora, por Dios, ¿no ve usted la mierda que tiene la pila? Si hace un año que no la ha fregado nadie.

—Mire, no me dé la mañana. Usted se ponga a limpiar la cocina y ya está.

Terminé de limpiarlo todo y me sacó un cubo con la ropa, que hacía hebra del tiempo que llevaba a remojo. Con un olor a corrompido que te volcaba. El agua llevaba detenida más que mi cuñado en el penal del Puerto, y los trapos se escurrían.

—Oiga, señora, ¿cuándo ha echado la ropa a remojo?

—La semana pasada, porque ninguna asistenta quiere venir. Yo no les hago nada y todas se marchan.

—Algún motivo tendrán.

—¡Venga a lavar, que me pierde tiempo! Primeramente no quite esta agua y lo restriega bien.

—Señora, pero si esto no hay quien lo aguante.

—¡Ay, qué delicadas son ustedes! ¡A trabajar y a callarse!

—Desáteme usted el delantal.

—¿Cómo dice?

—Que me desate el delantal, que ahora mismo me vuelvo a mi casa.

—Voy a llamar a la agencia, ¿eh?

—Llame usted a donde quiera. Hoy tengo para comer y mañana Dios dirá. Ahí se queda usted con su humor negro.

Empezó a rebuñir, pero la dejé plantada. Con el olor que echaba la ropa y ella encima de mí que no me dejaba... ¡Ni hablar del perro Quin!

En la Torre de Madrid cogí una contrata con una vecina para hacer las escaleras de piedra mármol. Nos daban cuatro plantas, incluyendo los servicios, y el horario era de ocho de la noche a seis de la mañana. Nos poníamos las dos en pareja, frotando y canturreando el himno de las asistentas:

Anda marrana a fregar,
que el agua ya está caliente
y el estropajo te llama,
desde mi casa se siente.

La contrata nos salió en Limpiezas Uslé, que tenía un letrero que decía: «Se admiten mujeres de buena vida.» Estuve unos cinco meses. Duré poco porque sentía mucha fatiga; caí enferma y hablé con el doctor Aguado para arreglarme los papeles de la Seguridad Social.

—Habrá que ingresarla, Cándida. Tiene agotamiento en la espalda y una úlcera en la nariz del estómago.

Me metieron en el hospital de San Carlos y estuve veintiún días. Me recetaron más, pero no aguanté porque las monjas me hacían levantarme a limpiar el cuarto con la disculpa de que no tenía fiebre suficiente para estar en la cama pintando la mona. A mí me correspondía reposo absoluto, pero, al amanecer, las madres me sacaban de la cama convencidas de que el trabajo era la mayor fuente de salud.

—¡Venga, arriba! Si quiere estarse aquí, tendrá que ganarse la cama con el sudor. Hemos venido a este mundo a sufrir, y personas vagas no nesecitamos.

Había dos filas de camas. Unas a un lado y otras al otro. Yo tenía que fregar los barrotes, que eran de esos gordos blancos, dándoles con jabón, y repasar con un trapo las mesitas de noche. Terminaba peor que había entrado, y tuve que hacerle una queja al doctor:

—Mire, señor don Aguado, las monjitas me hacen trabajar y encima gratis. Prefiero irme a casa y asistir ganando dinero para dar de comer a mis hijos.

Además, las monjas todo lo hacían al revés conmigo. Un día me pusieron una inyección equivocada, de una que padecía del corazón, y perdí la vista temporalmente. Otra vez me había recetado el doctor que no probara el pescado y que comiera el menú pasado por puré y me dieron sardinas... Tenía una rabia el médico de miedo. ¡Menuda la que le liaron! Y ya, con tanta queja, las religiosas me pusieron de apodo «la Marquesa de Villaverde». Se conoce que, como les planté cara diciendo que no, que yo había ido a descanso y no a trabajar para ellas, me clavaron ese nombre.

—¿Qué tal va hoy la señora Marquesa de Villaverde?

—Muy bien, pero iría mejor si las hermanitas no fueran tan exprimidoras.

¡Demasiado poco protesté! Allí no trabajaba más que la Cándida. Resulta que todas las noches la de la cama de al lado se ponía a dar golpes con el puño en la mesilla.

—¡Tráeme agua! ¡Tráeme la cuña! ¡Que venga la enfermera!

Venga a llamar y no venía ninguna monja en su auxilio. La señora gritona tenía cáncer en el hígado. Claro, como yo sentía los golpes y la enfermera no acudía, tenía que atenderla. Noche tras noche, tráele un vaso de agua, ayúdala a orinar... Estaba ya negra.

Por el día me venían las visitas: la portera de la calle del Olvido, la señora huéspeda y mi cuñada la Paqui que, aprovechando que mi hermano el Manuel hacía la mili en Madrid, se me instaló en el piso. Mucho palique, pero no me hacían favores ninguno. Como yo había dado diez mil pesetas de entrada para una máquina de coser y, si no pagaba el resto, me la quitaban, les hice un encargo:

—¿Por qué no vais alguna al arca que tengo en casa, donde está el contrato de la máquina, y lo lleváis a las monjas de los Sagrados Corazones para que me paguen los plazos?

—Vale.

No fue ninguna. El día de la Virgen del Pilar las monjitas del Padre Damián vinieron a visitarme con media docena de pasteles. Cosa rica de verdad, sobre todo los canutillos de crema. Indagué un poquito el asunto y caí en la cuenta de que no sabían nada de mi Singer. Tuve que pedirles que esperaran un momento, levantarme yo con la fiebre, ir a casa a coger el contrato y traérselo. Allí mismo me abonaron los recibos que me faltaban. Unas monjas buenísimas, aunque, de que volví con el contrato, ya se habían terminado de comer los pasteles. Sólo dejaron uno de esos gordos de canesú que nunca quiere nadie.

La huéspeda me contaba los cotilleos de lo que hacían la Paqui y mi hermano:

—Mira, tu hermano se pelea mucho con ella.

Me informó de que la Paqui afirmaba que la casa era de su novio. O sea, hermano que venía, hermano que quería quitarme la vivienda. Se lo cuentas a un sordo y le sale pelo.

Cuando salí del hospital, la huéspeda y sus hijos habían traído un camión con todas sus cosas y habían colgado en el piso lámparas y cuadros sin mi permiso. Preocupada, me acerqué a la Obra Sindical, expliqué el caso y me dijeron que les pusiera en la puerta y les echara a la calle.

Las noticias no podrían haber sido peores. Con su dinero, la señora María me estaba echando una mano al cuello y, sin embargo, me veía en la obligación de pedirle amablemente que se fuera.

—Mira, doña María, va a venir mi madre, asín que márchense ustedes ya mismo.

—Si quiere que nos vayamos, nos tiene que buscar un camión de transporte.

—¡Ah, no! Cuando usted metió los muebles no consultó conmigo. Lo mismo que los ha metido, los tiene que sacar. Me voy a trabajar y, como cuando vuelva no se hayan evaporado, doy aviso a la Guardia Civil.

Cuando yo venía de Manuel Becerra de limpiar el bar La Plata, nos cruzamos en el metro. Yo venía para acá y ellos iban para allá. Ya habían sacado los muebles y los habían llevado al barrio del Pilar y habían dejado la llave con la vecina. Fue advertirles de la Guardia Civil y desaparecieron deseguida. En San Blas, realmente, lo que había era Policía, pero yo les dije Guardia Civil para que se fueran más pronto y ya ves tú lo que tardaron.

El Libro de Familia

Antes de que pudiera darme cuenta, el Teodosio cumplió catorce años y me dijo que no quería volver al colegio. Entró en la avenida de Bruselas de peluquero, pero le decían que pasase el cepillo para quitar los pelos del suelo y se negaba alegando que le producía alergia. Le echaron y se metió en una tapicería de la calle Simancas. Tampoco. Ahí resultaba que el polvo de la gomaespuma del escay le daba el mismo repelús. Muy señorito: no le gustaba el oficio. Después se colocó de recadero en un supermercado en Rubén Darío. Estuvo bastante tiempo, hasta que le salió un bulto en el hombro por colgarse las cajas de los pedidos. También tuvo que dejarlo. Se fue al pueblo con mi madre a vendimiar y estuvo recogiendo uvas con la Nati y con la Esperanza. A la vuelta se metió en una trapería en Carabanchel. El Emperador del Trapo me parece que lo llamaban, fíjate qué nombre. Emperador, como si al pez espada le gustaran las telas...

La Nati se hizo una señorita y empezó a venirse conmigo a todos los lados. Limpiábamos el cine Coliseum, una taberna que había por la parte de atrás del cine y cinco pisos de oficinas en una casa que hace esquina a la Gran Vía. Desde la edad de trece estuvo correteando con su madre. A las seis de la mañana empezábamos en Transportes Internacionales, hacíamos las escaleras y limpiábamos las oficinas. Terminábamos a las nueve, cruzábamos enfrente y nos íbamos a la agencia a que nos dieran más casas. Entrábamos a las diez y salíamos a las cuatro de la tarde. Nos íbamos al piso a comer y descansábamos hasta las ocho de la noche que nos íbamos a Galerías Preciados. Arrancábamos en los almacenes cuando cerraban al público, salíamos a las doce de la noche y, a las seis de la mañana, vuelta a empezar.

En Galerías la faena era a destajo. A nosotras nos tocaron las plantas de deportes, de perfumería y de bisutería. De rodillas limpiábamos el salón frotándolo con piedra gómez. Se trajinaba entre cuatro, cada una en una esquina, hasta que nos juntábamos en el centro. Al final íbamos a la calle del Neso todas las mujeres a tirar la basura en fila de indios. A la salida nos registraban. Una señora nos introducía en un cuartucho y nos miraba bien miradas. Cogieron a una que llevaba lo menos siete años trabajando allí. La pobre desgraciada, como era cara conocida, pensaba que la tenían confianza y... ¡mira!: la pillaron con media docena de pañuelos metidos en las bragas.

Por aquel entonces salió de la cárcel mi cuñado el Manolo y se acercó a vernos.

—¿Qué tal te va, cuñadita?

—Malamente. Yo trabajo, pero, como no tengo el Libro de Familia, no puedo cobrar puntos extraordinarios y sólo me corresponde la miseria del jornal fijo.

—Cándida, si no tienes el libro es porque no quieres.

—¿Ah, sí? Pregúntaselo a tu hermano, que lo perdió estando borracho.

—Por eso no te preocupes, que yo te pago el viaje de ida y vuelta a Martos para que vuelvas a solicitarlo.

—Pues ya está dicho.

Yo pensé que el Manolo habría cambiado en la cárcel y se habría convertido en un tipo generoso. Lo que yo no podía imaginar es que venía de cometer un atraco con el Toribio y se estaba escondiendo en mi casa. O sea, que me mandaba a Martos no por hacerme un favor, sino de espía industrial. A lo visto habían robado una tienda de servicio-domésticos, de esas en las que venden hornos miniondas. Se habían llevado radios, afeitadoras y máquinas de taladrar y, con todo el botín, se escaparon a Madrid. En el comercio no dejaron ni las arandadelas del tornillo de la puerta. Total que, juntos, cogimos la pava y bajamos a Andújar. De allí a Jaén y de Jaén a Martos. Paramos en casa de mi tía la gorda, me hice el Libro de Familia y yo tan feliz. Al cabo de unos días, el Manolo me pidió que nos acercásemos a ver a su hermana la Puri a Arjona y, cuando llegamos, me salió con unas explicaciones confusas:

—Mira, Cándida, yo voy un momento a Andújar a unos asuntos. Si dan las ocho y ves que no he vuelto, te coges esta maleta y te vas para Madrid.

Como dieron las ocho y no vino, yo cogí el Libro de Familia, lo metí en la maleta que me había dejado preparada y me monté en el autobús. Al poco tiempo de marchame se acercó la Guardia Civil a la casa, abrió mi cuñada y les dio todas las pistas.

—Venimos en busca del Manolo.

—Yo no sé dónde para.

—Pues ha estado en Andújar en un atraco, señora.

—Pues no puedo decirle si sí o si no, porque a mí no me ha dejado recado de que fuera a hacer atraco ninguno.

—Bueno, me han dicho que ha estado aquí con una cuñada.

—Sí, con la Cándida.

—¿Y dónde está ella ahora?

—Se ha ido a Madrid con una maleta. Tiene las patas gordas, el pelo rizado y es más bien redonda.

Vamos, que la Puri dio todos los detalles. Bueno, ya ves tú los detalles míos que dio: como para agradecérselo. Deseguida la Guardia Civil tomó cartas en el asunto.

—Vamos a registrar la vivienda.

—Pierden el tiempo.

—¿Ah, sí? ¿Y estos jamones colgados del techo?

Se descubrió el entuerto. El Manolo y el Toribio acababan de limpiar un bar y habían mandado la mercancía a Arjona. Mi cuñada se encargó de trocear los jamones y de repartir los cachos entre la vecinas para esconderlos. No le dio tiempo a culminar. La sorprendieron con las manos en la masa y se tiró seis meses en la cárcel. A las demás también las condenaron, porque la Puri cantó, y juraron por sus muertos más frescos que, en cuanto saliera a la calle, la matarían por chivata. Que la iban a arrojar a un pozo, dijeron, y asín quedó la cosa.

Cuando llegué a Madrid con la maleta, nada más poner el pie en tierra se personó en la cochera la policía secreta.

—¿Señora Cándida?

—La misma que viste y calza.

—Hale, véngase usted a declarar.

Me llevaron esposada al cuartel de la Guardia Civil. Yo me enteré mucho más tarde de que en la maleta que me entregó el Manolo había recortes de telas robadas. Entonces, me llevaron a Yeserías sin yo saber el motivo.

—¿A qué ha ido usted a Martos?

—Es que estoy trabajando sin derechos y quisiera cobrar los puntos de mis cinco hijos. Bueno, de cuatro y uno, porque al Julián todavía no me lo ha conocido con su apellido mi marido.

—Usted afirma que se fue a hacer el Libro de Familia. Vale, pero ¿dónde está ese libro?

—Lo metí en la maleta.

—Entonces, vería usted el contenido de la maleta.

—Pues, francamente, no. Yo vi que traía un trapo por lo alto, pero por lo bajo no me fijé. Lo único que noté es que pesaba poco.

—Y la maleta, ¿dónde la ha puesto?

—La dejé en el coche. ¿No ve que me llevaron nada más bajarme?...

—Señora, queda detenía hasta que salga el juicio final.

—¿Cómo es esto posible, si tengo cuatro hijos esperándome en casa?

Ya lo creo que fue posible. A la Nati y a la Esperanza me las mandaron a las colonias del Guadarrama. Fueron con la Guardia Civil e hicieron allí la comunión y todo. Pero al Mariano y al Julián no tenían cómo colocarles y llamé a mi suegra. Argumentando que, al no ser el padre el Román no eran cien por cien nietos suyos, se negó a hacerse cargo de ellos. Conque me los trajeron a la cárcel. Para cuando me tomaron declaración y vieron que yo era inocente de cometer atracos, ya habían pasado tres semanas.

—A ver, ¿quién es usted?

—Vengo de Martos. Estoy trabajando en el bar la Plata de Manuel Becerra y en el Banco Hispanoamericano de la plaza Canalejas. Pidan informes.

A mi cuñado, que se había fugado, le trincaron a los pocos días. Se acercó a la pava a recuperar la maleta y le arrojaron el guante a la cara. Se tiró cerca de cuatro años en la prisión. Ya ves tú, encima de que me pagó el billete a mí, le metieron preso. Una suerte malísima. Luego ya me dijo él a mí:

—¿Tú para qué has dicho nada?

—Si me preguntan, Manolo, pues tendré que acertar las respuestas.

La abuela

Dejé Transportes Internacionales y me coloqué en la Renfe. A las doce de la noche salía de Galerías y me iba a la estación del Norte hasta las nueve de la mañana. Hacía los vagones: limpiaba los cristales, quitaba los papeles de los asientos, fregaba los váteres... A cada mujer nos correspondían cuatro coches. A las nueve, en la agencia, solicitaba destino y de allí marchaba a la casa que me encomendaran. Muchas veces me quedaba dormida en mitad del trabajo. Me decía la señora que limpiara la cocina y yo iba con el trapo dando cabezazos. Terminaba a las seis de la tarde, dormía dos horas y, a las ocho, otra vez a Galerías. Asín vivía: cansada, pero tranquila, hasta que, improvisadamente, vino mi marido de la guerra de la Legión. Se presentó sin dientes y me trajo un huéspede. Un señor que era calvo. Dijo que un día en misa le pegaron unos puñetazos y le tiraron las muelas. Pidió de juntarnos y le respondí que no, porque ya tenía cinco (la Nati, el Tomás, la Esperanza, el Mariano y el Julián) y no nesecitaba ninguno más.

—Te prometo que he cambiado, tía serda. Déjame pasar, que estoy muy arrepentido y quiero refugiar a mis hijos.

No le admití porque, a esas alturas, el romance del Román y la Cándida resultaba más difícil que lavarse la cara en una botella de agua. Sin en cambio, mientras se despejaba el caso, permití, por caridad, que pasase el huéspede. ¡Pues no te vayas a creer que se quedó contento con la sentencia! Mi marido se pasó lo menos seis días durmiendo en el escalón de la puerta y me acusó de haberme liado con el cabo calvo. Yo, claro, para detener las habladurías, tuve que hacer dormir al militar en el suelo de la entrada y con las piernas estiradas asomando al descansillo de la escalera. De este modo, al quedarle medio cuerpo fuera del hogar, el Román podía comprobar que no existían manipulaciones. Pues, aun asín, mi marido no quiso atender a razones y seguía bufando con que yo le estaba poniendo antenas. Tan pesado y tan insistente estuvo que ya le dije que entrara y eché al calvo a la calle. Un error tremendo: nada más infiltrarse empezó a darme mala vida y algunas noches ni siquiera me venía.

Coincidió el retorno del Román con la decisión de mi madre de venirse a pasar una temporada larga al piso de San Blas. Diariamente teníamos la pelea asegurada. Me pegaba a mí sin compasión y amenazaba de muerte a la vieja. A ella nunca llegó a atizarla, pero levantaba la banqueta y gritaba que se la iba a reventar en la cabeza. Mi madre se ponía:

—¡Eres un criminal! ¡Eres un bandido!

Siempre estaban a gritos. Se llevaban como uña y gato. Los dos eran muy mandones y de ahí venían los problemas. Cuando yo salía a servir, mi madre quería ser la dueña del dinero y encargarse de la compra y a mi marido le hervía la sangre. De que volvía me preguntaba:

—¿Dónde andará la tía serda de tu madre?

—Pues ¿dónde quieres que esté, Román?, por ahí, metida de cotilleo en alguna casa.

Menuda era mi madre. Cada vez que se paseaba por el barrio me acarreaba un disgusto de los grandes. Un día se metió en el economato a comprar verdura fresca, pues apreciaba mucho las legumbres sin conservantes ni auditivos.

—Dame usted medio kilo de espárragos porque tengo la nevera vacía. Vacía completamente.

—Pero, ¿no le da de comer su hija?

—Ésa se va y deja los alimentos bajo llave.

La señora ultramarina quedó aterrorizada. Menos mal que lo presenció mi vecina, la Blasa, y contó que aquello era mentira.

—Diga que la Cándida, cuando sale, le deja la nevera rellena de todo. Lo que pasa es que esta mujer tiene la enfermedad del parking y le gusta hacerle daño a la chica.

La comida era otro calvario. Había días que mi madre cocinaba para mi marido y otros que no. Según le daba. A ella le gustaba la cocina sencilla, al estilo de pueblo, y al Román, muy señorito él, no le gustaba.

—Tía guarra, vase usted de aquí, que no quiero ni verla. Estos alimentos son incomestibles.

—Mira, Román, a ver si te pegan cuatro tiros, te mueres de una vez, descansas y nos dejas descansar.

Se llevaban mal. Francamente mal. Asín que llegó un punto en el que, por las consecuencias de mi marido, ella quiso vivir aparte. Le alquilé una casita baja en Barajas. Tenía solamente una habitación y un cachito de cocina y, para las nesecidades del váter, tenías que salirte fuera.

En Barajas estuvo mi madre cerca de un año, hasta que echaron la casa abajo para construir una carretera y un supermercado. Luego se vino a casa y se fue a Socuéllamos. Se iba y se venía, se iba y se venía, y asín. Finalmente se instaló en Martos, porque Manuel le compró una casita y se la puso a su nombre. Estuvo un tiempo. Después se aburría y quiso volverse conmigo. La vendió y, a los pocos días de venderla, al comprador se le cayó la casa encima. Es que estaba construida en una cuesta y pasaba un arroyo por debajo de los cimientos. Se hizo una grieta en todo el edificio y se cascó en dos mitades. El hundimiento ocurrió unos días después de que me llamara la Paqui para decirme que fuera a Martos a por mi madre, que se estaba muriendo y tenía yo el derecho y la obligación de rescatarla por ser la hija.

—Si quieres ver a tu madre viva, ve a por ella. Se ha caído por las escaleras y le ha pegado un ataque de hemorragia por dentro. Hemorroides internas. Además, se le ha revuelto el cáncer y tiene a la vista la muerte súbita.

Yo, corre que te corre, localicé a mi Mariano y a la Nati y nos pusimos, Dios menguante, en camino. Llegamos allí esperando ver la calavera y estaba tan ricamente en el patio lavando sábanas. Nos abrió la puerta ella misma. Fíjate tú qué planchazo. Nos la trajimos y estuve tres meses yendo y viniendo con ella al hospital de Puerta de Hierro. La tuvieron que hacer una biosfera. Curándola todos los días. Cuando se puso mejor me confesó que prefería irse con mi hermano a Salamanca. La metí en el autobús y se marchó. Al poco, me llamó la otra cuñada con la misma canción:

—Cándida, lo mismo que yo he enterrado a mi madre, tú tienes el derecho y la obligación de enterrar a la tuya. Vente a recogerla, que se muere.

Me costó diez mil pesetas el viaje a Alba de Tormes. Decían que estaba muy grave y que no podía andar porque había dicho el médico que estaba falta de sangre. Que no comía y estaba muy floja. Que le mandó el doctor lo menos dos litros de agua diarios y tenía una anemia grandísima por beber sólo eso. Yo no sé lo que decían... Total, que llegué y me la encuentré sentada tan campante en el brasero. No le dije a mi cuñada ni adiós. Ni la digerí la palabra.

* * *

En el piso, a cada momento, se presentaban estas que van de charla tocando los timbres. Estaba mi madre una vez sola y, como hacía caso omiso, ellas venga a aporrear a la puerta.

—Queremos hablar con usted un momento. Es sobre la Biblia.

—Yo no tengo tiempo. Está mi hija trabajando, mi yerno es vago y yo tengo que hacerle la comida.

—¡Ay!, si vamos a tardar muy poquito. Sólo vamos a hablarle de la vida extraterrestre que va a cambiar el mundo. Que Jesús Cristo y que dale y que toma.

—Venga usted otro día, que hoy no puede ser.

Una vez les abrió la puerta y la liaron. Las tías pesadas la retuvieron de cháchara y, de pronto, empezó el aceite a echar humo y ardió en la cocina la sartén completa. Mi madre, de que vio la llamarada aquélla, perdió el sentido de la convivencia.

—¡Me cago en la madre que les parió, tías pellejas! ¡Por su culpa se me ha pegado fuego! ¡Veros de aquí a tomar por culo!

Bajaron echando leches por las escaleras hacia abajo. Tan rápido iban que las vecinas se interesaron por los motivos.

Eran unas tías pesadas que casi todos los días iban para allá. Contaban que la Biblia iba a cambiar el mundo y que arsa y toma. El mismo disco de siempre. Hasta que ya les dije un día:

—Miren ustedes: yo soy católica, apostólica y rumana. Asín que déjame usted a mí, que yo no creo más que en una religión.

—¡Ay por Dios!

—Sí. Además tengo dos vecinas que son testigos de Julián y ellas ya me dan clase.

—¡Ay!, perdóname usted entonces. Perdóname. ¿Está su madre?

—Sigue ahí dentro. Espérense, que va a salir.

—¡Ay, no, no, no!

Dejaron de ir a visitarnos, pero en el intermedio dieron la tabarra a base de bien.

Sonrisas y lágrimas

Averigüé que en la calle Alcalá había una contrata en la que daban casas buenas de condesas y de americanos. Una cosa seria: nada de pisos de fulanas y de hombres solos como en la agencia de José Antonio. Sin pensármelo dos veces me apunté en la lista de espera y mi marido, entretanto, se colocó a regañadientes de albañil. Trabajaba cuatro días sí y cinco no. Se metía y, a la semana, se daba de baja. Volvía a la construcción y, a mitad de faena, se le agotaba la espalda. Para evitar la intermitencia, me acordé de que el marido de la señora Encarnita era arquitecto emparejador de obras y fui a verle para que me le colocase de fijo. La llamé diciendo que estaba en situación límite y deseguida me solicitó que la viese. Siempre que llamaba me respondía lo mismo:

—¿No tienes trabajo, Cándida?, pues vente a casa y echas unas horitas.

Y para allá que me iba. Me encargaba labores cómodas. Me hacía coser a máquina, planchar sentada y limpiar la plata. Me mimaba demasiado la señora Encarnita. Había en el piso nueve niños muy pequeños que parecían todos iguales porque casi todos tenían la misma edad y, claro, con tanta ropa, me tocaba abrochar botones, echar piezas y arreglar algún zurcido. Yo compartía mesa con la cocinera y nos llevábamos muy bien. Era una gallega mayor, María, que respondía al nombre de Tita. Se pasaba horas cantando la copla ésa de la Virgen de Guadalupe andando descalza por la ribera y venga a repetir la estrofa de «cortinas verdes, cortinas verdes, cortinas verdes se van». Cosa que me chocaba mucho, porque yo nunca en mi vida había visto una cortina que se fuera a ninguna parte. La Tita era una mujer muy echada para adelante. Un día estaba preparando albóndigas y se le cayó un mendrugo de carne asín de grande al suelo. Pues no te creas que lo lavó desiquiera. Cogió la carne, la devolvió a la bandeja y siguió amasando. ¡Bendito sea el señor, si se entera la señora!

Don Alberto, el marido de la señora Encarnita, me consiguió dos plazas de peones superiores para el Román y para su hermano el Manolo. El regocijo fue grande, enorme, pero duró menos de veinticuatro horas. Apenas se incorporaron el primer día, se acercó el encargado y le pidió a mi cuñado que le ayudase a levantar una viga de madera. El Manolo, que de siempre había sido muy mal hablado, hizo uso de su lengua vespertina y ahí se chafó la cosa.

—Que le eche una mano su padre. A mí me han contratado para cavar, no para levantar peso. No te jode...

—Recoja sus bártulos y lárguese de aquí.

Mi marido, al ver la escena, se puso muy bravucón y no dudó en meter baza.

—¡Si quieren echar a mi hermano de leche, me tendrán que echar a mí también!

—Pírense los dos antes de que avise a la policía.

El tonto de mi marido se soliradizó y no duró en la colocación más que unas horas. Un desastre obsoleto. Yo ya se lo dije bien clarito:

—Mira, Román, ya no esperes nada. Ya no te busco más colocaciones.

Avergonzado por la regañina se metió a pistolero. Arreglaba los jardines, hacía chapuzas en las casas, levantaba tabiques, ponía suelos... Lo que encontraba. Andaba de pistolero profesional, porque así les decían entonces a los que trabajaban sin seguro. Al menos, eso me comentaba él: que vivíamos a estilos de la ley del Oeste. Yo no sé. Después ya se colocó en Quintana, al lado del metro, en una empresa muy grande, y estuvo dos años haciendo pisos. Conoció al Ramón, un marica que estaba en las oficinas, y gracias a eso pilló mejor trabajo en el parque de la Concepción. Allí se tiró otros dos años haciendo campos de tenis y una piscina. Yo no daba crédito. De mañana se marchaba a currelar y me regresaba con un apetito estupendo a comer como un trogodita.

Fueron tiempos matrimoniales exquisitos. Por aquel entonces fue cuando tuve la oportunidad de ver una película por vez primera. Cosa linda de verdad. Ocurrió una tarde al levantarse el Román de la siesta, que nos cogió por los hombros a mi madre y a mí y nos sorprendió con buenas noticias:

—Anda, tomar dinero y os vais al cine.

—¡Mira tú qué bien!

Cogimos y nos marchamos. Era en el anfiteatro San Blas. Me acuerdo que el Julián era pequeñín y todo el rato tenía ganas de hacerse pis encima. Como habíamos comprado un botellín de sidra lo solucionamos sin más contratiempo. El chico orinó y listo. El flim era de muchos colores y no me quedé dormida ni nada. Resultaba estupendo y en el descanso, yendo a bajar el último peldaño de la escalera camino del servicio, le digo a mi madre:

—Parece como si se me hubiera caído algo.

—Pues vámonos a casa.

Nos marchamos sin ver el final. Una pena, porque se titulaba de una monja que no paraba de cantar en la montaña. Resulta que, por cantar tanto, la echaban del convento y se iba a pedir trabajo a casa de un marqués viudo que tenía tres docenas de hijos. Lo pasaron divinamente. Hicieron marionetas e hicieron de todo. Sólo que de cantar y cantar todo el rato. Ya, cuando nos marchábamos, la hermana del marqués, que no estaba conforme con el modo en que limpiaba la mujer la casa, la pedía que se fuera. Total, que hizo las maletas y solicitó que la readmitieran en el convento. Le dijo la madre superiora que sí, al cambio de que no volviera a cantar. Una cosa preciosa. Digna de ver. *Sonrisas y lástimas*, me parece que se llamaba.

Al llegar a casa nos encontramos a mi marido y a su amigo marica en calzoncillos. Arremangados y bailando la jota. Estaban cantando y dando palmas. Deseguida mi madre sacó sus propias conclusiones:

—Ya ves para qué quería este tío guarro invitarnos al cine.

—Román, ¿qué haces?

—¿Para qué has vuelto tan pronto, tía serda?

—Es que no me encuentro bien, Román.

Un disgusto grandísimo. Les dijimos de marcharse y respondieron que se iban deseguida. Total, que por fin pude entrar al cuarto de baño y, nada más cerrar la puerta, se me cayó al suelo. Fue un aborto seco. Estaba de cuatro meses y se conoce que, como me había tropezado al irme a bajar del tranvía, se me sorprendió. Era un niño varón. Tenía el pito como un granito de arena de chico y las uñas pequeñitas. La cabeza, se conoce que del golpe, estaba seca como una uva pasa. Es que, a lo que se ve, si son varones a los cuatro meses ya están formados y si son niñas, por el contrario, todavía parecen un cuajón y no se sabe la inclinación sexual. El mío era un chico completo. Le di aviso a mi madre y le pusimos en un bote de Nescafé cafeinado.

Mi marido no terminaba de arrancar.

—Anda, que te invito. ¿Quieres tomarte algo?

Me llevó con el marica al bar a convidarme a una ración de boquerones para que se me pasase el disgusto. A mí me dio coraje de acompañarles, pero, ¿qué podía hacer?, tenía que aguantarme. Llegamos al bar y mi marido se dirigió al tabernero:

—¿Tiene boquerones en vinagre?

—Aquí no hay boquerones en vinagre. Fritos sí, si los quiere.

—¡Me cago en todo!

Y le dice el marica:

—Román, ¿es que estás de antojo? A ver si resulta que vas a ser el primer hombre que está preñado.

Muy oportuna la broma para los acontecimientos recientes. Les di las buenas noches y me volví al piso. Mi marido se quedó por ahí de parranda con el otro y yo me quedé sola en el cuarto. Me acosté y me vino una hemorragia tan malísima que tuvieron que internarme. Empecé a echar sangre como un carnicero. Venga, venga y venga. Me condujeron a alta velocidad en la ambulancia para hacerme un raspado y recortarme las orejas del útero. Por todo Madrid con la sirena cantando: «¡¡Aú, aú, aú!!»

Al niño lo tuve seis meses en el bote con alcohol y, la verdad sea dicha, se conservaba fenomenalmente. Yo lo quería mantener disecado, pero mi madre sugirió de ir a darle sacrosanta sepultura. Lo metí en una caja de estas grandes de las medicinas, una que es en blanco con dos rayas verdes. Fuimos al cementerio, hicimos un agujero y lo enterramos. Seguramente se lo comería algún gato.

* * *

Mi marido me tenía completamente abandonada. Se ponía:

—Anda, vete a guichar a la cochina, so tía serda.

Decía asín, la cochina, y a las vecinas les entraba el ataque de risa cada vez que se lo contaba. Porque él hablaba con la efe, como es el hablar de los de Arjona.

—¿A que no sabéis a dónde acaba de mandarme el Román?

—¡A la cochina!

—¡Ja, ja, ja!

Llegaba a casa borracho y decía que me iba a recitar una poesía. Siempre la misma. Me levantaba de la cama, me encendía la luz, me abría la ventana para que me despabilara con el frío y me recitaba la poesía manteniendo con dificultad el equilibrio. Yo me la sabía de memoria, pero había que escuchar con devoción porque si no le entraba el canal violento.

El día que te conocí
no sé lo que me pasó,
me hipnotizaron tus ojos
al ver tus labios divinos.

Campanitas de la aldea,
no me toquéis tan temprano,
que mi novia se ha dormido
y no quiero que se despierte,
si ensoñando está conmigo.

Le sentía llegar, dándose trompicones contra las puertas del pasillo. Según venía el tiempo asín venía él. Cuando venía tirándolo todo, yo ya alertaba a los chicos:

—¡Hay tormenta! ¡Meteos para adentro, que hay tormenta!

—Mama, nos bajamos a la calle a jugar.

—Sí, bajaos, que es mejor.

Se le sentía calle arriba. Muchas veces se juntaba con su hermano y subían los dos juntos cantando. Cosas tristes. Canciones de la cárcel que aprendió durante los quince años que se tiró en el Puerto de Santa María. Cosas de hombres solos y apenados. Y ya abría la puerta. Dos vueltas de llavín y la tempestad:

—¡Me cago en la madre que te parió!

—Ya está Román, ya la has liado con alguno.

—¡Ese tío serdo, que me ha echado del bar! ¡Me cago en la madre que le parió!

—¿Por qué no se lo dices a su cara en lugar de decírselo desde atrás?

—¡Si se lo digo a su cara! ¿Quieres que vuelva y se lo diga?

—Anda y acuéstate.

—¡Calla, tía serda!

Siempre estaba lo mismo. De esa frase no salía. No se le ocurría otro pensamiento que no fuera ése. A mí al principio me imponía, pero luego ya, con sumo tacto, le solicitaba que se fuera a tomar viento.

—¡Ale!, Román, aire, aire, aire, yo con un cura y tu madre con un fraile.

Era persona parca en los gestos de cariño. Los detalles eran únicamente para su madrecita del alma, a la que iba a visitar todos los días. En verano le llevaba terrinas de esas de helado y, en invierno, botes de natillas. La quería mucho. Todos los días iba y, cuando no, la llamaba por teléfono. Milhojas era lo que más le gustaba a la golosa de mi suegra. Él se encargaba de que no le faltasen y ella encantada. Con tanta azúcar no me extraña que terminaran saliéndole dos hipólitos en el riñón...

* * *

El Marianín tendría unos ocho años y el Julián unos seis cuando cayeron enfermos. Me dijo el médico que tenían soplo en los pulmones por falta de alimentos. Les salieron unos ganglios detrás de las orejas y fuimos a que les sacaran las pruebas. Me dieron los recibos para mandarlos a la sierra a tomar viento fresco y les mandé a Alicante al sanatorio de Aguas de Lusón. Estuvieron seis meses. Cuando fui a llevarlos estaba en estado del Román y, cuando fui a recogerlos le dejé el bebé a mi madre. Era en lo alto de un cerro, en una carretera llena de algarrobas.

El parto del Román fue el peor que tuve. Vine desde Cuatro Caminos andando porque le tenía muy arriba y, cuando llegué al hospital, me rechazaron.

—¡Uy, señora, lo tiene muy en alto! Tarda dos o tres días en echarlo.

Estaba tan mala que me dijeron que tenía que andar mucho. Mi marido me dejó en la Cruz Roja de Cuatro Caminos, se cogió un taxi y yo me vine andando hasta San Blas. Al otro día por la noche me volví a pata para dar la luz a mi Pocholo. Llegué tan cansada que, nada más cruzar la puerta del hospital, me quedé croquis.

MIL NOVECIENTOS SETENTA Y POCO Y POSTERIORES

La Nati

La Nati continuaba ayudándome, pero se me torció deseguida. Se juntó en el baile con el Anselmo, un vagabundo de mala muerte. Bueno, luego se puso a trabajar un poquito, pero era un golfo de los más grandes. Empezó la chica a irme a bailar y ya me enteré yo de que estaba en estado.

—Nati, hija, tú estás embarazada.

—No puede ser, mama, porque practico el método córpore incorruptus.

Tuve que meterla en el colegio de las monjas de los Sagrados Corazones. Dieciséis años tenía cuando se quedó embarazada de los dos gemelos.

Yo quería aderezarla porque me daba cuenta de que no iba por el buen camino. Meditó y dijo que sí, que se casaba. Conque se salió del colegio y se casó. La boda fue muy sencilla. Nada, una comida corriente. Se concelebró en la parroquia de San Joaquín y en casa dimos un picnic para ellos, mi madre y mi marido.

Ya no volvimos a cooperar juntas en el trabajo. A mí me surgió una oportunidad en el parque de las Avenidas, en el 50. Empecé a ir y me tiré yendo cuatro años. Me cogieron dos días en semana: los lunes y los miércoles. Me daban quinientas pesetas y no me llegaba ni para sufragar el trayecto. Les dije que me subieran un poquito y, como me dijeron que ni hablar, dejé la casa. El día de la despedida vi por la calle a una señora con muy buena pinta y me acerqué a pedir auxilio.

—¿Sabe usted de alguna casa para trabajar?

—Pues yo tengo a mi padre, que es capitán del Ejército y está buscando asistenta.

Estuve como dos semanas. Limpié la casa, limpié ventanas sobre ventanas y el militar no daba crédito a sus ojos.

—¡Ay, qué mujer! ¿De dónde habrá salido esta mujer? ¡Hay que ver qué bien trabaja!

Dejé la casa como los chorros del oro y al señor conmocionado de alegría.

—Yo la voy a dar treinta y cinco mil pesetas, con sus seguros y todo —me dijo—. ¡Ah!, y de sábado a domingo no me viene.

—Estupendamente.

Le di aviso a mi marido de la negociación colectiva y se alegró.

—¡Hombre, mira tú qué bien!

Al otro día, cuando ya había terminado de repasar los cajones de la nevera, le digo a su esposa:

—Mañana vendré y le traeré los papeles para que me firme.

—¿Qué papeles?

—¿No me ha dicho su marido que me van a asegurarme?

—¿El señor ha dicho eso? Ni mucho menos. Yo, para tener una mujer asín, cojo una chica que me duerma en casa y que le ponga y le quite la mesa a mi marido. Pero, ¿darle el seguro a una asistenta?, no. Aquí, día trabajado, día pagado.

Ya no regresé. Se conoce que, si el militar era capitán, su mujer debía ser generala, porque se echó para atrás de las promesas. Asín que yo me busqué otra casa. Él, no te creas, llamó a mi Román poniéndole por las nubes:

—Oiga usted, ¿está su mujer?

—Mi mujer se ha colocado. Está trabajando.

—Bueno, pues yo quiero que me explique por qué ha dejado de venirme a casa.

—Mire usted, algún motivo tendrá cuando no ha querido ir.

—Es que yo soy capitán del Ejército.

—¿Ah, sí? Pues yo he estado en la Legión seis años. Así que, usted por ser capitán y yo por ser legionario, cuando ella no se ha personado, algún motivo tendrá.

—Pues le voy a poner una denuncia.

—Vaya usted a donde quiera. Si mi mujer se niega, ni usted ni nadie puede denunciarle para que vaya.

Y lo dejó cortado. De que llegué yo y me contó la historia, cogí el teléfono para pedirle disculpas.

—Que no la voy a denunciar, mujer.

—Es que eso es lo que le ha dicho a mi marido.

—Bueno, bueno, pero del dicho al hecho hay mucho pecho.

Se pensaba el tipo que por ser capitán del Ejército tenía derecho a abusar de las asistentas. Vamos, se lo cuentas a un cojo y se le cae el pelo.

La casa nueva quedaba en Ventas por la parte de atrás de Jorge Juan, en la misma esquina donde había un cine. Era un señor marica que vivía solo con un chico joven. Decía que era su sobrino, pero la portera, muy quisquillosa, me paraba cada dos por tres en el ascensor para confirmarme sus sospechas:

—Señora Cándida, ¿cuántas camas tienen?

—Pues yo no hago más que una.

—¿Quién es el hombre y quién es la mujer?

—Eso ya no lo sé yo. Usted, que es la portera, debería saber quién es cada uno. Pregúnteles cuando bajen, porque yo no le puedo decir.

—Es que ese chico no es su sobrino. El viejo está liado con el joven.

—Imposible. Ese chico tiene una novia, que me la ha presentado.

—Déjese de novias y de pamplinas, señora Cándida, que el tío ése es marica.

—Pues yo no puedo hacer declaraciones porque todavía no le he visto actuando.

—Hágame caso, que es maricón perdido.

—Bueno, pues él sabrá lo que hace.

Tan intrigada me dejó que, la siguiente vez que subí al piso, fui derecha a interrogarle.

—Oiga usted, caballero, ¿y dónde dice que está ahora su señora?

—Está de viaje.

—¡Ajá!

Cuando yo llegaba por la mañana, se levantaba el viejo, batía los huevos y le llevaba una tortilla al joven a la cama. Pero yo, ropa de mujer no veía en ninguna parte, asín que me vi en la penosa obligación de insistir:

—¿Cuándo dice que vuelve su mujer?

—Un día de éstos.

Al año y medio el chico se casó y se quedó a vivir en el piso. El hombre desapareció de allí. Era un señor arquitecto de obra que ganaba un buen dinero. Se conoce que se lió con el chico y, al cambio, le dejó la vivienda cuando se casó. Yo acabé saliéndome porque la mujer del muchacho atendía la casa y ya no me nesecitaban.

Entré en casa de una señora ciega que tenía un hijo tonto. Era la vecina de mi suegra en San Blas. La señora tenía cantarranas en los ojos a causa del azúcar, que le rebosaba en la sangre. Tenía que pincharse por la mañana y por la tarde con la ayuda de una practicanta. Estaba yo planchando y venía el tonto, que me llamaba Caña.

—¡Cañia! Ma-ma-ma-ma, vaya. Ma-ma-ma-ma, vaya.

Me traía frita. Repetía las palabras porque era trotamundo, de esos que se atascan con las vocales.

—Cañia, Cañia, ma-ma-ma-ma vaya.

O sea, que me llamaba su madre para que fuera. Era una señora muy servicial y muy favorable. Una señora bonísima, bonísima. Primeramente le operaron de una vista y luego de la otra y, al final, se quedó ciega a causa de la invidencia. Guisaba a tientas. No veía nada, la pobre. Yo le indicaba lo que tenía que echar y cocinaba los ingredientes estupendamente. Atendía la casa una vez en semana, para echarle una mano al cuello a la ciega. Le fregaba los cacharros y le hacía la limpieza de la casa y ella, recíprocamente, me pagaba muy bien.

Siempre venía el hijo quejaroso:

—Cañia, que me-me-me va a pegame mi madle.

—¿Sí? ¿Te va a pegar? Pues algo malo habrás hecho.

—Es que me-me-meado.

Se quedaba paralizado en la cocina conmigo y yo le decía:

—Chiquillo, si te has meado, cállate y no digas nada.

Pero es que era tonto tonto. De estas personas que no analizan las consecuencias. Parecía que lo hacía adrede, porque nada más orinarse, se lo chivaba a su madre:

—Mama, que me-me-meado.

Y claro, a la madre le daba rabia y se liaba a palo limpio con él. Debía gustarle que le pegaran, ¿eh?, porque si no, no se entiende. Se ve que era sadomasajista, de esos que disfrutan cuando les pinchan.

Venía la señora con la zapatilla a sacudirle y, como no veía y, además, el tonto se refugiaba detrás de mí, la mitad de las veces recibía yo los impactos. Dolía pero a base de bien. Unas palizas de espanto. Tantas veces me atizó que alguna me pilló la torta en el centro de la cara. Cada dos por tres tenía que salirme a la escalera de servicio para evitar sus tremendos zapatillazos.

—¡Toma, desgraciado, por haberte meado en la cama! ¿Te duele?

—No, ma-ma-ma.

—Pues toma más, desagradecido.

Nos ha fastidiado mayo que no le dolía. ¡Si a la que le pegaba era a mí! Me atizaba donde pillara, porque levantaba la mano y no vislumbraba el objetivo en el que recaían los palos. Se me ponían las manos como tomates. Qué le íbamos a hacer... Yo me colocaba por medio porque me daba lástima del tonto. Pobrecito. Era un chico con cuarenta años y no sabía ni hacer ecuaciones de tercer grado penitenciario. Yo le imploraba a su madre:

—Mujer, no le pegue usted, que se le ha escapado el pis. Pero ella ponía los ojos vueltos, como huevos de paloma, y no daba su brazo de gitano a torcer.

—¡Guarro! ¡Te voy a cortar la cola con las tijeras del pescado! ¡Eres un cochino!

El hijo se ponía a llorar y se encerraba en el váter hasta que se le quitaba la bronca. Salía y se venía otra vez a la cocina a sentarse en la mesa. Cogía un papel y se ponía a hacer pellizquitos. Rompía trocitos y los ponía encima de la piedra mármol.

—¿Qué estás haciendo, Antonio?

—Escribiéndole a la novia, Cañia.

Era un chico muy benévolo y francamente servicial. La madre le mandaba a los recados. Tiraba la basura, iba al médico, compraba el pan, iba a por la sal a la tienda, a la carnecería... Hacía todos los mandados, sabía dibujar en blanco y negro y se quedaba sentado solo viendo la televisión. Un chico muy despejado.

El Mariano y la Esperanza

El Mariano entró en la lavandería con el Teodosio. Les daban quinientas pesetas a la semana por liar macutos con trapos viejos para los talleres de limpieza de coches. Luego se fueron a la vendimia con la Esperanza y, a la vuelta, el Teodosio se puso de chapucero con los albañiles y el Mariano se colocó en una cadena de alimentación. Allí sigue: se fue de mozo y ya ha pasado a camionero. Ése no se ponía malo nunca, y cuando se enfermaba se metía debajo de la ducha con agua fría y se le quitaba toda la maldad. Rebosaba de salud y dormía por las noches a brazo partido.

La Esperanza llevaba el mismo camino que su hermana. En el pueblo, con mi madre, había estado yendo y viniendo al colegio sin aprender los conceptos, y al llegar a Madrid procedente de la vendimia ya se torció. Había ido con el Mariano a la verbena de Socuéllamos y se quedaron en casa de mi hermano. El Manuel siempre trajinaba de camarero y regentaba un chiringuito de comidas de los que llaman quioscos. Ahí guardaba una escopeta de cañones recortables por si acaso les daba a los delincuentes por aparecer y el Mariano la cogió y encañonó a su hermana jugueteando.

—¡Que te mato!

El perdigonazo sentó de culo a la Esperanza con la costilla atravesada. Estuvo unos diez días ingresada en el Hospital Provincial. Cuando salió, hablé con las monjas y la metí linterna haciendo labores. Le daban de comer, le daban vestido y le dejaban salir los delfines de semana: estaba a más no poder. Tenía catorce años recién estrenados y ya le rondaba un novio que había conocido en el baile.

Mi marido cayó enfermo por la humedad. Me dijo el médico que, como era crónico de la bronquitis, si no cambiábamos de vivienda no se podría curar. A lo visto, al ser el último piso, con habitaciones tan pequeñas, techos tan bajos y el Román bebiendo alcohol sin parar, se conoce que no había ventilación suficiente. Chorreaban agua las paredes y, si pasabas la mano por el yeso, se te colaban los dedos para adentro. Teníamos la atmósfera de la humedad metida de lleno en la casa, asín que empecé a echar instancias para que me concedieran otro piso con más respiraderos.

De todas maneras, curiosamente la enfermedad arrancó nada más confesarle su amigo el marica que se iba a vivir a Córdoba. Le dijo que su madre se había vuelto loca, que se creía el Papa y no hacía más que asomarse al balcón del patio a dar la bendición urbi pronobis a los vecinos y que tenía que abandonarlo todo para marchar a cuidarla. De que le dejó el Ramón, al Román le cambió el ceño y se le quitaron las ganas de trabajar. De momento, con los papeles de todas las empresas en las que él había cotizado, pidió la baja. Nesecitaba tener no sé cuántos días trabajados para completar la plantilla y, como el Ramón era secretario de las oficinas de Entrecanales, le puso que había trabajado más años. Hizo la trampa y, por eso, le quedaron cuarenta y cinco mil pesetas de jubilación anticipada, que si no le hubiesen quedado todavía menos.

—Está completo y aún le sobran dieciocho días para obtener la paga —me dijeron a mí.

Pasó el tribunal médico y le jubilaron por la bronquitis, por tener el hígado de paté y por tantas cosas. Ya no volvió a hacer un esfuerzo en su vida. Tanto había trabajado su padre que se ve que él nació cansado. A partir de entonces se pasó todos los días acostado en la cama vagueando.

Al presentar el certificado médico, nos concedieron un nuevo piso en la calle Ajofrín. Echamos la instancia y sacamos aprobado. Nos costó treinta y cinco mil pesetas de entrada, que las dimos gracias a un préstamo que pedimos al Banco de España. Nos desquitaban tres mil novecientas cada tres meses de la paga de mi marido. Era un piso segundo. Salía poca agua por las tuberías y no salía gas tampoco. Estaba el pobre para tirarlo. Tan grande y tan bien comunicado del centro... Era una pena. Me dijeron que, como mi madre vivía, se podía quedar ella con el de las humedades contagiosas. Total, que nos mudamos, dejando a mi madre de propietaria en Trefilería.

Lo primero que escogió mi marido en la nueva casa fue el sitio para poner la botella. Entramos, y él seguía lo mismo: bebiendo y dándome mala vida. Y yo, pues lo normal, me quedé embarazada del Javi.

El Mariano marchó a la mili y yo encendía la calefacción los delfines de semana para ponerle a secar el uniforme en los radiadores. Cuando llegó el recibo me caí de culo. Tuve que empeñarlo todo para pagar la cuenta del gas. Las sábanas inclusive. ¡No veas lo que tiraba aquello! Y, luego, como la casa era grande, tenías que tenerlo encendido todo el santo día para que calentase. Hubo que cortar por lo sano. Desde entonces en mi casa no se enchufaba más que el frigorífico, con la bombilla de dentro desenroscada, y la lavadora. Planchar, no planchaba nunca. Los chicos apenas se vestían, estaban casi todo el día en pijama y, cuando salían, se ponían una chaqueta y un pantalón vaquero. Las camisas eran de tergal y las sábanas las estiraba bien al hacer las camas.

Salió la Esperanza del colegio y se metió a servir en la avenida de las Islas Filipinas. Ahí ya empezó con malos pasos. Se iba al club y se tiraba todo el día. Andaba muy malamente y no me venía a dormir la mitad de las noches. Tenía diecisiete años cuando cayó en estado de uno que había conocido bailando agarrado: el Santi. La tuve que echar a la calle porque no me hacía nada. No podía con ella. De lo que ganaba yo no veía ni un céntimo. Le compró un coche al novio de cincuenta mil pesetas. Un coche que era una chatarra: todo lleno de paja y de porquería. Se iba todas las noches de parranda con él, me venía y no me ayudaba en las labores electrodomésticas. Le dije que se marchase y se retiró a vivir con mi madre. Estuvo con ella unos meses, hasta que ella y su novio decidieron casarse en la parroquia de Tres Cruces, al lado de mi portal. El día de la boda estaba la Nati esperando en un bar a que bajara la novia para acompañarla a la iglesia y le oyó decir a una cotilla que había en la barra:

—¡Menuda novia, vaya pinta de guarra! ¡No tendrá dinero ni para llegar en coche a la iglesia!

En buena hora abrió la boca, porque le fue a entrar la mosca en forma de puñetazo. A la Nati, de ver que le habían faltado el respeto a su hermana, le dio un ataque de nervios. Agarró del pelo a la mujer y le propinó una paliza de miedo. El primero le cayó en toda la cara con el bolso. Una cosa digna de televisarse.

La boda resultó muy convencional y muy bien. Yo les di mil pesetas para que se fueran a hacer las fotos oficiales a la calle Simancas y, como el Santi era muy bajito, tuvieron que ponerle tres guías de teléfono debajo para que diera la altura. Luego ya se marcharon a vivir a Barajas: alquilaron una chabola por tres mil pesetas y allí tuvo al Diego la Esperanza.

Yo también seguía pariendo. Apenas me dio tiempo de tener al Javi cuando caí en estado de la Puri. Era verlo y no creerlo. Como un conejo, lo mismo. Para cuando quise reaccionar ya tenía un bartolón de miedo.

Atendía una casa en la calle Zurbano, los señores de Siete Revueltas, y a todos los pequeños me los llevaba conmigo. Colocaba un plástico en la cama y en el hule se quedaban dormidos. Todavía sigo yendo a esa casa. Es que no quieren buscarse a nadie más que a mí. Dicen que, aunque tarde dos o tres meses en ir, en su casa no entra otra asistenta. Entonces la señora se interesaba mucho por mi descendencia.

—Cándida, ¿cómo vas a llamar al bebé?

—Si es niña, Bienvenida, y si es niño, Deseado.

El día que me puse mala estaba comprando pescado congelado para esa señora. Era en el mes de julio, el día 24, el santo del rey. Estoy pidiendo boquerones, porque los Siete Revueltas eran muy partidarios de las frituras, y me da un dolor grandísimo. Me fui corriendo a mi casa y, en llegando, un chorro de sangre tremendo. Se puso todo el parqué de miedo. No tuve más remedio que soltar el pescado congelado en la mesa y... se echó a perder. Llamó mi hijo el Mariano a mi suegra y me recetó que guardase los nervios:

—¡Ay, métete en la cama de pronto!

Me cogió la vecina de abajo, me llevó al Gregorio Marañón y allí se encargaron de asustarme:

—Viene malamente el parto, señora Cándida.

Me trasfusieron veintiuna botellas de sangre y dieciocho sueros de dos litros, hasta que, por fin, se me cortó la hemorragia. Acto seguido bajó la niña la cabeza hacia arriba y el brazo hacia abajo y, con arte torero, se dio la media vuelta. No quería salir. Tuvieron que hacerme la necesárea, porque si no moríamos la niña y la madre en un tiempo récord. A vida o a muerte me abrieron. Estaba malísima, malísima: con dos millones de globos en la sangre y cuatro de tensión alterna. La niña salió ochomesina a consecuencia de aquello.

Mientras pasaban estos disgustos, mi marido estaba quién sabe dónde. Tenía que firmar una autorización, porque sin su consentimiento no me podían operar, y no le encontraban. Dieron con él en la taberna. Borracho perdido. Una borrachera que tenía... ¡de miedo! Dijo el médico, dice:

—Como le pase algo a su mujer, usted se va a la cárcel.

Llamaron a mi madre. Ya vino y me entraron en quirófano a las doce del día. A las cuatro de la mañana no había vuelto en mí todavía. Cuando desperté estaban mi madre, la Nati, el Mariano y no sé quién más en derredor. A mi marido no le dejaron pasar por venir con una borrachera que no podía tenerse. Ya ves tú qué compasión tenía por mí. Ha sido malo malo malo. Que el Señor le tenga en la gloria, pero no se lo merece.

Yo me tiré tres días en cama sin recuperar el conocimiento porque me hizo reacción la anestesia. Me informó el doctor operario de que la próxima vez que me ocurriera me quedaba tentetiesa. Me tuvieron que poner varias inyecciones de corazón porque se me infectaron los puntos y perdí el conocimiento tres veces y media. No me podía mantener derecha ni nada. Como los puntos se me habían escapado, me mareaba y me quedaba traspuesta. Y mi marido en la barra del bar. Cuando se animó a visitarme, montó una bronca por todo lo alto para que le dejaran pasar. Tuvo que darle propina al de la puerta, porque le decían que allí no admitían borrachos. Llegó dando gritos:

—¡Me cago en mi suerte! ¡Encima que le doy propina no me quería dejar pasar el tío serdo! ¡Como le agarre del cuello...!

Se levantó mi madre y, sin tocarle, le dejó desinfladito:

—Tú no coges del cuello ni a una mosca, Román.

Me recuperé satisfactoriamente y me incorporé nuevamente al mundo laboral. En la casa de Martínez Campos renové la contrata de limpieza y fijamos un día en semana.

—Ya sé que ha tenido una niña, ¿cómo le ha puesto? —me dijo la señora nada más abrirme la puerta.

—Le he puesto el nombre del cumpleaños del día: Puri.

—¡Uy, qué nombre tan originario!

Una mujer muy amable, que se resbaló a la salida del mercado con una cáscara de plátano y se partió el brazo por cinco sitios. Se murió deseguida, pero, mientras duró, me trató siempre con un gusto esclarecedor. Con nada que llegaba, me mandaba a comprar el pediórico y la barra de pan y, al volver, me encontraba siempre el desayuno servido en la mesa. Me ponía con las cosas de la casa: planchaba, hacía la cocina, fregaba los poyetes de las ventanas... Me trataba fenomenalmente. A veces también me llegaba a la bodega a por los botellines que se pimplaban de aperitivo. La señora cortaba unas lonchitas de queso de caja, unos taquitos de chorizo, preparaba un bocadillo de jamón de yor y, con su botellín de tercio, merendaba el matrimonio tan ricamente a media tarde.

Una vez que salí a los mandados con mil pesetas que me dio la señora, llegué a la bodega y no tenían cambio.

—Bueno, lo pago de lo mío y ya echaremos cuentas.

Conque me fui al quiosco a comprar el pediórico y, al meter las vueltas en el bolsillo, sentí que un señor me daba un empujón malintencionado.

—¡Apártase usted de la acera, que me está estorbándome!

Lo que hizo el tío maleducado fue quitarme todo el dinero aprovechando el sofoco. Yo subía en el ascensor y, cuando eché mano al delantal para apartar lo que había puesto yo de los botellines, no tenía ni gorda. El ascensor se me antojó un sarcófago: no había consuelo en el mundo para mí. Eché marcha atrás al quiosco y, al pasar delante de una cafetería, observo por el escaparate que el señor ése está repartiéndose los dineros con el vendedor de los pedióricos. No te creas. La mujer que se quedó de sustituta en el puesto se negó a aceptar mis demandas:

—Señora, las asistentas tienen fama de ser muy ladronas.

—Perdone el insulto, pero yo jamás he robado nada a nadie.

Al llegar con las noticias malignas, la señora me trató de consolar:

—No te apures, Cándida.

—¡Ay, qué dolor del alma! Esto me lo desquita usted en dos o tres semanas.

—No, mujer. Yo sé que llevas muchos años en casa y no puedo sospechar de ti. Hale, olvídatelo.

Y al poco tiempo se murió completamente. Una pérdida infinita. Qué le vamos a hacer... Seguí con los familiares y ya hará cerca de veintitantos años que voy donde ellos. Los mismos que con los señores de Castaño. Igual, por ahí, por ahí.

El señor Castaño era estupendo y estaba retratado con el generalísimo Franquestein. Era un señor importante. Un matrimonio ejemplar que, cuando llegaba, me ponían mi desayuno con una galleta. Estaba bien pagada, no lo niego, pero ellos sabían que cuando llegaba la Cándida el trapo no paraba ni un minuto. Limpiaba la terraza, sacudía las alfombras, hacía los cuartos de baño, pasaba la aspiradora, frotaba con la bayeta las ventanas... Lo que me daba tiempo en cuatro horas. Al despedirme me daban un beso, dos huevos, media barra de pan y una naranja.

Francamente, no podía tener queja de ninguna casa porque sabía escoger las mejores. A las que iba y resultaban ser perreras las dejaba, porque, para perra, me bastaba yo sola. Ahora bien, como todo primo de vecino, tuve que apencar con compromisos que alguna clienta me endosaba y a los que, por educación vial, no podía decir que no. Me ocurrió con una señora que me recetó una vivienda que salió horrorosa. La dueña no paraba de exigir y, encima, era guarra, pero guarra... de verdad. Era maestra de escuela de niños pequeños, pero, hijo, me dejaba una cocina... Como yo no iba más que un día en semana, me encontraba el apartamento piernas arriba: estaba todo de miedo. Además, a cada instante llamaba por teléfono para controlar si seguía allí o me había dado el bote. Descolgaba el teléfono y no salía voz ninguna. Colgaba, y al ratito otra vez:

—¿Dígame?, ¿dígame?

Pero que en el altavoz sólo se escuchaban ronquidos lejanos. Como mi hora de salida era la una, ella calculaba y a las doce y media marcaba el número de su casa.

—¿Dígame?, ¿dígame? ¿De quién parte?

Al mes me traía frita por la calle de la paciencia. Asín que me dije: «Mira por Dios, que ya no me vas a llamar más por teléfono.» Y me marché sin dejarle ni una explicación de los motivos. ¡Es que aquello parecía el espionaje industrial con tanta llamada secreta! Fue colgar y salí hecha un obelisco camino del metro con idea de no volver más. ¿Para qué, si me sobraban casas donde escoger? Conque hago dos transbordos y, al salirme en Simancas, me encuentro montada una feria grandísima. La televisión, el cine y las radios. Toda la zona completamente repleta de reporteros. Ya me informé y era que una señora que tenía un perro, cuando se iba el marido, se acostaba con el animal y se le hizo un nudo. Llamaron pidiendo auxilio social y vino la ambulancia de retén. Le taparon la cabeza con una funda de almohada, para que las cotillas no pudiesen identificarla, y se los llevaron a los dos en una camilla. A la mujer y al perro, porque no les podían despegarlos. Había una feria allí de miedo. Todo el mundo al unísono:

—¿Qué ha pasado?, ¿qué ha sucedido?

Cuando salió del hospital se tuvo que mudar de calle. ¡Menuda vergüenza! Era para cogerla y degollarla. Ya ves... Además no era la primera vez, pues, a lo visto, la señora era reindecente. Otra vez se metió una botella, cogió aire y no había quien se la sacara. Tuvieron que romperle el casco y todo. Dicen que era de pisicola. Yo no sé.

Dos pisos

La Nati y el Anselmo estuvieron mucho tiempo en la chabola de Barajas hasta que se compraron un piso por ahí lejos, en no sé cuántos del Henares. Pagaron, les dieron un plano y la promesa de que lo verían terminado en el plazo de un año. Entonces volvieron hacia mí sus plegarias:

—Mama, ¿por qué no le dices a la abuela que nos deje irnos con ella hasta que nos den la llave en mano, que nos la dan el mes de agosto?

—Pues tú habla y, si te dice que sí, iros.

Total, que ignoro lo que hablaron o lo que no hablaron, pero, a la corta o a la larga, se quedaron con el piso. Nada más entrar se hicieron los dueños y a mi madre la echaron a la calle. Le pusieron los muebles en el portal, la pegaron y, encima, me pegaron a mí por saltar a defenderla... ¡Perrerías! Consiguieron recuperar el dinero que habían entregado para la compra del otro piso y se apoderaron del de la calle Trefilería. Según mi madre, lo que la Nati le propuso eran unas condiciones vergonzantes:

—Abuela, si te quedas con nosotros, te dejo una habitación, pero no puedes entrar a la cocina ni al cuarto de baño. Sólo tienes derecho de puertas afuera. De la habitación a la calle, lo demás es territorio privado.

Se puso con ella rebelde sin causa. La abuela vino a quejárseme y, al acudir a por ayuda a la Obra Sindical, me notificaron que no podía ser, que yo tenía dos pisos y debía renunciar a uno.

—Es que su hija tiene dos hijos y anda sin piso y su madre tiene dos pisos, el de usted y el suyo.

—Sí señor, mi madre tiene dos pisos: el mío y el del cementerio, que anda con un pie medio metido.

—Sepa que si a su hija le quitamos el piso, no lo recupera su madre. Se lo damos a otro matrimonio, porque su madre puede vivir con usted perfectamente.

—¡Hombre!... Dése cuenta de que yo tengo a mi marido enfermo y sólo son tres habitaciones.

Pero que no había manera. Me quitaban el piso y, yo, para dárselo a un desconocido, antes se lo dejaba a mi hija. Y asín fue. Puse el contrato a nombre de ella. La abuela se fastidió de lo lindo y asín se lo hizo saber a la Nati:

—Mira, quédate con toda la casa y ojalá te caigas por el hueco del ascensor.

Cogió la Nati sus muebles y se los tiró por lo alto. Un cuarto piso con caída libre desde la terraza. Allá volaron los enseres. Una mesa de estas de libros, una vitrina nueva, las sillas que estaban recién pintadas por el Teodosio, que me costaron mil ochocientas... Yo le había dejado la casa muy bien preparada a mi madre y la Nati se la tiró enterita a la basura. La gente que pasaba por la calle se extrañaba de ver aquel fenómeno:

—¡Ay, Dios! ¡Le habrá tocado la lotería municipal! ¡Pero si ha arrojado por el balcón los muebles!

La nueva incorporación de mi madre a la familia fue un desastre culinario. Ella quería ayudarme, pero, como no veía tres en un burro, me pasaba la batidora por las lentejas sin sacar de la olla el laurel. Volvía yo de trabajar a la hora de la cena, me servía un plato de puré y salían los pelos de los ajos flotando en el plato. Otro día echaba azúcar en el cocido y estaban los garbanzos dulces. Cocido al punto de caramelo. Una cosa mala mala de verdad. Cegata parcial. Ahora, le había dotado Dios de un oído fino, selecto e irrepetible. Escuchaba conversaciones a kilómetros de distancia. A ella no le hacía falta el teléfono para enterarse de lo que ocurría al otro lado de la avenida. Muchas noches me iba a acostar intranquila porque no andaban en casa los chicos y, antes, le consultaba a mi madre el parte.

—Madre, las horas que son y no ha venido el Julián a dormir. ¿Sabes algo?

—Está al caer. Hace tan sólo un rato que ha salido de bailar, ha parado a por tabaco y ya debe andar a la altura del cruce.

—Alabado sea el Señor.

Como su cuarto daba a la carretera donde estaba el local de baile al que ellos solían acudir y, como los chicos salían charlando, ella les distinguía por la voz. No se le escapaba una. Ella fue la que me pasó información de algunos de los embarazos. No te creas, que facilitaba unas noticias muy buenas. Estuvo con nosotros una temporada larga, pero acabó cansándose de las peleas domésticas y, un buen día, se despidió diciendo que se marchaba con mi hermano el impedido a Salamanca.

Por aquel entonces la Nati no paraba de trabajar en Barajas. Ésa siempre fue muy partidaria del esfuerzo cotidiano. La crié con leche de cabra y por eso berreaba tanto. Tenía mucha fuerza: se llevaba un camión por delante. Lo que decía ella es la verdad: «El trabajo es la salud.» Y es que el trabajo es lo más grande. Yo, cuando no trabajo me duele todo y cuando voy a trabajar se me pasa. Mi hija podría tener ya once niños, pero tuvo varios abortos. Lo menos cinco. Todos abortados porque trabajaba sin descanso. Primeramente tuvo los dos gemelos y se le murió uno de novecientos gramos. Luego tuvo otros dos gemelos. Después se le murió otro y, a continuación, una niña de cuatro meses asfixiada por estar demasiado gorda. La madre se empeñó en tener un recuerdo y ya nos hicimos la foto con la niña fallecida. Tuvo a la mayor, a la Paula, a la Lola y a la Joaquina. El marido se jubiló por validez de las piernas. Le recetaron mala circulación, como a su padre, que se quedó válido y ya se ha muerto, y le concedieron la paga absoluta.

La percha de las guantás

El Teodosio se marchó a la mili y se envició con los porros. Yo le iba a echar la ropa en la automática y aparecía en los bolsillos una cosa larga que parecía metal para estañar el aluminio. Cogía y se lo tiraba por el váter. Se volvía loco.

—¿Dónde está lo que tenía en el pantalón?

—Lo he tirado.

—Pues me has ventilado cien duros, vieja.

Por el precio pude comprobar que se trataba de droga. Venía en paquetes con forma de chocolatina alargada. El chico entraba en casa de permiso, se tiraba en el sofá las veintisiete horas del día y, cuando bajaba a la calle, en lugar de comer algo se gastaba la paga militar en canutos. Con ese ritmo no me extraña que le pegara a un cabo de primera regional. Le arrancó los galones y le metieron en el calabozo de Córdoba. Estuvo nueve meses aprisionado.

—¿Tú para qué pegas? —le preguntó su padre.

—Es que estoy harto de ser la percha de las guantás.

—Y eso de la percha, ¿qué es, hijo?

Era que todos los guantazos del cuartel le caían a él porque le consideraban un paleto. Le encerraron en el calabozo los nueve meses y nos llamaron avisando que se había cortado las venas con una baldosa. Un azulejo de estos del baño. Una cosa corriente, de color esmalte blanco. Me dijeron que padecía de las terminaciones nerviosas y que necesitaba un tratamiento personalizado. Entonces fuimos mi marido y yo a Sevilla. Pedimos medio billete de caridad y nos lo concedieron en el Gobierno Civil, al lado del ayuntamiento. Llegamos en domingo. Menos mal que nos salió al encuentro un capitán que era de Martos.

—Hombre, paisana, ¿viene usted de Jaén?

—No, señor, nosotros venimos de Madrid.

—Pues su chico no puede quedarse aquí porque ya ha intentado cortarse las venas dos veces.

Le tenían esposado a la cama, con un guardia civil a cada lado. ¿Lo que hizo?: nada menos que echar los galones del cabo primero en el barreño de la comida de los doscientos reclutas que habría en el cuartel. Menos mal que tuve suerte y les convencí de que padecía de los nervios. Me hizo un médico un papel falso y le pudimos liberar. Como era festivo, tuvimos que hablar con un teniente coronel y firmar que nos hacíamos cargo de él. Nos le dieron y nos le trajimos. Fue cuando el Teodosio se puso de chapucero con los albañiles y el Mariano entró de mozo. Ése es el que mejor anduvo siempre. El Mariano, al día de la fecha, no me ha dado ni un disgusto. Hizo la mili en Alcalá de Henares y le dieron un diploma de paracaidista que lo tiene colgado todavía en el comedor de su casa. Me lo quiso regalar:

—No, hijo, no. Llévatelo tú, que es tuyo.

El Teodosio, sin en cambio, como era tan borracho y no tenía suficiente para el trinque, todo lo que pillaba me lo aparejaba para vender. La caja de herramientas, tres bombonas de butano pequeñas, una que me trajo la señora Encarnita y dos de color amarillo, la pantalla de la estufa, que me costó novecientas pesetas... A todo le daba salida. Me dejó en la ruina.

Finalmente, el Teodosio consiguió colocarse de barrendero ambulante para los sábados y los domingos, pero no respetaba los horarios. Dos o tres veces le regañaron por llegar tarde al trabajo. Tenían ya su liquidación encima de la mesa para echarle definitivamente por borracho cuando se personó mi marido a decirles que por favor. Explicó que él se encontraba enfermo y que el Teodosio era el único hijo que aportaba gananciales en casa. Le perdonaron porque volvió a llevar la carta falsa que justificaba su turbia conducta por padecer de los nervios. Hablamos y él confesó que estaba arrepentido de cogerse esas tajadas. Fue al médico y le dijo que quería curarse. Quería quitarse de los ataques porque, cada vez que le daban, empezaba a darse golpes contra la pared y se ponía loco perdido. Total, que le recetaron hora para el día siguiente, pero él no se acordaba si la consulta estaba en el Ramón y Cajal o en el Alonso Vega. Acudimos en primera ruta al Ramón y Cajal, pero allí dijeron que no. Fuimos al otro, pero la cita era para las nueve y media de la mañana y, como aparecimos a las doce, ya se había pasado.

—Miren, mañana vienen ustedes —nos dijeron.

—¡Uy!, mañana yo no puedo, que tengo que limpiar un piso.

—Bueno, pues que venga él solo, que es un hombre. Además, cuando venga, que venga bien, y no borracho.

Salimos y el Teodosio llevaba un coraje grandísimo de que no le hubieran internado para curarse. Íbamos a coger la camioneta y, al pasar por el puente que cruza la autopista, se tiró para abajo. Echó la pierna sobre la barandilla, yo creí que iba a atarse la bota de barrendero que llevaba, pero hizo asín con el pie y se lanzó al vacío. De que lo vi yaciendo tumbado, que ni se movía ni nada, me dio tal ataque de agobio que corrí a pedir auxilio. Corre que te corre en busca de ayuda.

—¡Que se ha matado de muerte súbita!, ¡que se ha matado!

De que llegué con el socorro, le vi que estaba sentado y empezó a reírse. Tenía el cuello torcido y un brazo roto. Una cosa mala. Para conseguir que le internaran en el hospital se había tirado por la parte del puente que no cubría, cayendo en el montículo de hierba del borde, junto a los pilares de cemento hormigón. Digno de verlo y no creerlo. Estaba yo peor de los nervios que él. Me tuvieron que ingresar una hora para que se me quitase el sofoco.

El Teodosio permaneció tres meses en observación y se curó radicalmente. Como en el hospital hacían trabajos manuales, le colocaron en el taller de cerámica y, a la vuelta, me puso toda la casa que parecía el museo de El Pardo. Llena llena de cabezas de artistas y gente de esa que él mismo moldeaba. Una vez desalcoholizado, se colocó de fijo para barrer y se metió a socialista. Como tenía muy mala uva se tiraba todo el día en el sindicato denunciando a la gente. Ha correteado también mucho, no te creas.

* * *

Estando la Nati instalada en Trefilería se fijó en que había un piso vacío junto a su casa y le dijo a la Esperanza de venirse y darle una patada a la puerta. Como pagaban tres mil pesetas por una chabola en Barajas y ese piso llevaba mucho tiempo cerrado, porque la dueña tenía otro más, mi hija y el Santi se metieron por la terraza. La Esperanza tenía ya dos niños, el Diego y la Elisa, y estaba en estado de la Sole.

Al poco tiempo reclamó la dueña el piso. Tuvieron un juicio y de todo lo habido y por haber. Yo fui a los Nuevos Ministerios y me dijeron que se tenían que salir, pero mi hija les replicó que antes la sacaban muerta. Que de allí no se meneaba. Natural, como ya tenía tres hijos, ya no había quien la mandase a la calle. Y no pudieron echarla. Luego les vino una racha de suerte: su marido se puso de pastelero y empezó a ganar dinero a todo pastel. Se compraron un piso en Las Musas y le traspasaron el ocupado al Teodosio por millón y medio. Ya ves tú la dureza del rostro, les salió gratis y encima ganaron un dineral en la mudanza.

Sin embargo, no transcurrió mucho tiempo hasta que a la Esperanza se le fue la cabeza de tomar pastillas y de la mala vida que le daba el marido. Aparte de pegarla, no le soltaba más que treinta mil pesetas al mes para pagar todos los gastos, incluidos los colegios, y como con eso no le alcanzaba ni para comida, se quiso tirar al metro. Se afeitó completamente la cabeza y vino a casa a verme.

—Dame un pañuelo para recubrirme, mama.

—Hija, pareces un troncho de coliflor. Toma una servilleta.

Estaba cien por ciento calva, con la cabeza igual de lisa que la cara. La cogieron los guardias del metro con un pie en el aire. La llevaron al Alonso Vega y, cuando salió, dijeron que no tenía cura. Entonces el marido reaccionó con gallardía: se quedó con los hijos y la echó a la calle.

—Mira, Esperanza, tú estás loca y yo no quiero saber nada de ti. Tienes padre, tienes madre y tienes hermanos, asín que vete con ellos y que ellos te aguanten.

El Teodosio la propuso un trato de acogida. Podían compartir el piso juntos a cambio de que le perdonara lo que le faltaba de la deuda del traspaso. Como ya llevaba pagado medio millón, dejaba de pagarle un millón de pesetas. La

Esperanza accedió con la condición de que, como el Santi era parte interesada del trato, se acercara su hermano a verle para cerrar con él el nuevo acuerdo económico. El Teodosio llamó por teléfono al cuñado:

—Santi, hijo de mala madre, como a mi hermana le pase algo por haberla dejado abandonada, vengo y te mato. ¡Ah!, y que sepas que del piso te olvidas.

En principio, el asunto quedó zanjado a plena satisfacción de ambas partes, pero, como en la vida todo lo que tiene tendencia a torcerse se retuerce, el otro le denunció en la comisaría, diciendo que le había amenazado de mala muerte. Fue la policía a por el Teodosio y, como volvía de trabajar de barrendero, que se levantaba a las cinco de la mañana, de la rabia que le dio le entró un ataque de nervios. Venga a pegarse con la cabeza en las paredes de gotelé. Pidieron una ambulancia y la Esperanza quiso acompañarle. Le llevaron al Alonso Vega. Por el camino, el Teodosio se calmó un poquito y, muy caballero español, ofreció a su hermana que se tumbase en la camilla y él viajó sentado en la silla supletoria. Llegaron al hospital, abrieron las puertas y los enfermeros pasaron para adentro a la Esperanza y al Teodosio le mandaron a casa. Mi hija no paraba de protestar:

—Oye usted, que yo no soy la enferma.

—Calla, rica, calla, que te conocemos de sobra, bacalado.

Claro, como estaba muy reciente lo del metro, la conocían y pensaron que intentaba escaparse.

Pronto la Esperanza se echó a la mala vida y conoció en el baile a otro marido con el que tuvo hijos nuevos. A los antiguos, como el Santi no quería dejárselos ver, ella iba a escondidas a llevarles regalos al colegio. A lo primero no le hacían ni caso y decían que no querían saber nada de ella, pero ya después sí. Es que los regalos hacen mucho.

Yo no sentía prácticamente por ningún oído, asín que fui a la consulta de un médico ornitorrinco. Me dijo que nesecitaba una operación a todo trapo, pero que él no se responsabilizaba si me quedaba completamente sorda.

—Mira usted, lo que más falta le haría sería instalarse un altavoz en la oreja.

Me hicieron las pruebas en Ulloa ópticos y me dijeron que valía treinta y una mil. Yo di diez mil pesetas de señal y las monjas de la Caridad me pusieron el resto. Me colocaron el aparato y empecé a sentir estupendamente. Demasiado bien. Tanto que deseguida noté que mi marido roncaba muchísimo. Soplaba como las tormentas. Me decía muchas veces:

—¿Estás con el altavoz conectado?

—Sí.

—Pues quítatelo, tía serda, y asín no ronco.

Otras veces salía con la teoría de que la que roncaba era yo. Una cosa mala. No tuve más remedio que mudarme definitivamente a dormir al sofá. Tomé la decisión y ya no volví a acostarme nunca más en una cama. Él maullaba muchas noches:

—Cándida, anda, vente a dormir conmigo, que tengo mucho frío.

—No, que roncas y no me dejas dormir.

—¡Estoy aquí como los presos! ¡Aquí solito! ¡No quieres dormir conmigo y me voy a quedar muerto de frío!

Siempre estaba igual, pero... ¡que no! A mí me gustaba echarme en el sofá. Como tenía que madrugar, me recostaba en el cojín por no despertar a los demás, aunque al Román le daba igual veinte que doscientas y seguía, noche tras noche, con el mismo cuento:

—Que no tengo nada contagioso. Vente conmigo y, a lo menos, me das calor.

—¿Te echo otra manta más?

—No, que lo que quiero es que te vengas. Los dos juntitos dormimos mejor. Anda vente, tía serda.

—Que no, Román, que roncas mucho.

Mi madre regresó de Salamanca y se fue a vivir con el Teodosio. Él mismo le sugirió que, como la Esperanza se había ido con otro novio, se viniese ella a compartir la vivienda.

Se llevaban la abuela y el nieto deliciosamente. Como dos enamorados. Parecían Blancanieves y los enanitos. Igual. Él le compró a ella un bastón que le costó mil quinientas y ella le cocinaba. Una noche le puso gambas al ajillo y se le fue la mano con las guindillas. Se pasó el Teodosio la noche lanzando alaridos porque las pepitas le cocían el culo. Me avisaron de urgencia y me personé con una garrafa de aceite crudo a frotarle por la zona trasera escocida. Una cosa digna de mención de honor.

La verdad es que el chico tenía la casa impecable concebida. Puso un reloj, de esos de cucos clan, todo de piedra de escayola con guarnición de adornos. Tenía por lo menos catorce pájaros. Todo el tabique lleno de jaulas. En el techo, para que no se notaran las goteras, había puesto cortinas de encaje clavadas con chinchetas de colores. Y, para darle un tono hogareño a la casa, forró todas las paredes con pósters de mujeres desnudas. Un toque muy juvenil, aunque esa decoración le duró más bien poco. En cuanto llegó la abuela, le puso más firme que el mastín de un barco.

—¡Me cago en la leche, tanto tatuaje aquí! ¡Quita esta leche ahora mismo!

Asín que lo pintó y tuvo que ponerlo al estilo que le gustaba a mi madre. Compró dos camas nido, una para ella y otra para él, y puso un tresillo rojo de esos que vienen con funda. Muy moderno. Dejó la casa que parecía un palacio. Con una televisión en color y otra pequeñita en su cuarto, dos vidrios, tres radios y una nevera que parecía un avión, un frigorífero último modelo todo lleno de cajones y con un congelador enorme. Encima se juntó con dos pagas: la suya y la de mi madre. Volvió a hacer negocio el Teodosio y, aun asín... ¡ni un duro me daba! Que lo nesecitaba para sus nesecidades. ¿Y qué le vas a hacer?

Mi vecina, la Paca, se informó de que yo estaba libre y me recetó una casa en un sitio de millonarios. Le decían el parque del Conde Orgasmo, por Arturo Soria. Le preguntaron en la tienda de supercomestibles si sabía de alguna asistenta y ella me recetó a mí. Agradecida por la recomendación, me llegué al chalé y la señora no paraba de darme instrucciones:

—No, no, asín no es. Esto tiene usted que hacerlo mejor de esta forma.

—Señora, que ya sé yo.

—Pues venga, hágalo ya.

—Es que, si usted quiere que haga esto y esto y esto, no me va a dar tiempo a hacerlo todo. O hago esto, o no hago aquello.

—Bueno, sigue usted haciendo aquín. Despacio, despacio, despacio.

—¿Despacio? Bueno, pues despacio. Pero es que tan lento me va a entrar sueño. Voy a quedarme dormida en las baldosas.

Al rato atacaba de nuevo:

—¿Todavía está ahí? Venga, ¡dase usted prisa!

—¿En qué quedamos?

Tenía que sacar todos los cacharros, limpiarlos bien, volverlos a meter, fregar la cocina... Luego me mandaba cocinar:

—Pisto, tortilla de patatas, pimientos rellenos, patatas fritas, pollo frito, alitas fritas....

Me dejó en un barreño de plástico un escaparate de verduras que parecía una tienda. Sólo de patatas peladas había una cantidad grandísima. Ya iba a ponerme cuando me salió con que tenía que bajarme al piso inferior. Abajo había otra cocina y me mandó vaciar la nevera. Estaba una cosa mala. Se había reventado la puerta de la cantidad de nieve que tenía dentro. Como era tan finita de aluminio pues, lo normal, al frotar el agujero me corté la mano y venga de chorreame sangre.

—Pero, ¿qué hace usted con la mano asín? Ponga usted la mano para arriba.

—¿No quería que me diera prisa? Si tengo la mano en alto, ¿qué voy a adelantar? Porque esto habrá que sanearlo.

—Bueno, déjalo usted para mañana.

—No, mañana no vuelvo.

—¡¿Cómo que no viene mañana?!

—Como le digo yo a usted. Que mañana no vengo.

—Pero, señora, si me había dicho usted que venía.

—Yo le he dicho muchas cosas, pero de lo dicho no hay nada.

—Bueno, ya me termina usted por lo menos.

—Sí señora, yo terminarle, le termino todo lo que usted quiera, pero, mañana, no cuente usted más conmigo.

—Bueno, bueno. A ver cuánto tengo que darle.

—Cuatro mil pesetas.

—¡Gana usted más que el ministro!

—Es que el ministro trabaja sentado y yo tengo que menearme.

—¡Uy!

No te creas tú, que se lo dije asín mismo.

La canasta navideña

El día de los inocentes tocaron al portero automático y me llevé la sorpresa de recibir una cesta de Navidad. Me mandaba mi hermano el impedido, metida en una caja de aceites, una cabeza de cerdo que resultó estar llena de polillas. Empecé a cocerla y emergían los gusanos flotando entre las burbujas del agua. Sé que hay gente que los pesca con la espumadera y los cuela, porque dicen que eso es la sustancia, pero yo ni hablar. Tiré la cabeza al cubo y santas pascuas. Se conoce que, de puro añeja, estaba amarilla, amarilla, amarilla, y no había quien le hincara el diente. Lo que me dio lástima es que reconocí al gorrino nada más verle.

—¡Anda, si a éste le he tenido yo en mis brazos el verano anterior!

En agosto me había invitado mi hermano a pasar las vacaciones en Alba de Tormes, a condición de que le empapelara las paredes de su casa y, cuando me presenté con mi madre y mi marido, tenía en el salón el cerditillo recién nacido. Era un animal muy dicharachero y muy amigo de sus amistades. Andaba por allí y no tuve queja ninguna de su comportamiento. Se portó francamente bien y me hizo compañía durante todo el veraneo. Un descanso que consistió en no parar de empapelar mientras mi marido me señalaba las paredes con el dedo:

—Por allí resbala un poco de cola. Por aquí tienes que estirar más el papel. Por esta esquina se te ha hecho una arruga.

Al final la residencia de mi hermano se quedó muy curiosa. Tardé poco, ya que la casa era pequeña y se llegaba bien a todos los rincones. Tan bajos eran los techos que el Perico, que no es muy alto, se tenía que estar siempre agachado. En el cuarto de baño había un lavabo y enfrente, tocándose, la taza del váter. Tenías que echar el agua en cubos porque no bajaba ni de la cisterna ni de nada parecido. A la entrada estaba el cuartito donde dormía el matrimonio, luego un comedor raquítico con un mueble, una habitación para mi sobrina y, en el pasillo, una cama plegaria que mi sobrino estiraba de noche y se encogía durante el día.

Hicimos la matanza. No del pequeño, sino de la madre. Yo sujetaba al bicho de las orejas y mi marido le agarraba del rabo para que mi hermano le degollara con el cuchillo. Al primer pinchazo, el animal se cagó y el regalito aterrizó a los pieses del Román. No veas cómo se puso a insultar a los de Salamanca por todo lo alto.

Estando allí nosotros coincidió que mi cuñada la Cristina se puso mala y me tocó cocinar a mí. O sea, que fue un verano de premio gordo. Le subieron las fiebres y hubo que avisar al médico. Mi madre se empeñó en lavarla antes de que se presentase el doctor porque estaba guarrísima y, entre las dos, la enchufamos con la manguera. Hizo falta limpiarle con un cepillo de los de raíces y darle con un trapo hasta sacarle brillo. La frotamos bien, requetebién, porque ella no se lavaba nunca. En verano se animaba a bajar al río de vez en cuando, pero en el invierno... Imagínate. El Perico, sin en cambio, sí que iba aunque cayera una helada tremenda. Es que lo de ducharse, si no se acostumbra uno de pequeño, luego ya es más difícil cogerle el tranquillo. Se te pasa un sábado y ya se te juntan quince días.

Vino el médico y le ordenó reposo absolutorio:

—Usted se fatiga tremendamente porque está demasiado gorda.

—Nos ha jodido el profeta.

A ver, como trabajaba colocada en la cocina con las monjas, a la hora del reparto las mejores chuletas se las guardaba para ella. Asín estaba de cebada. Tuvo que guardar cama y, durante su enfermedad, recibió la visita de la madre superiora:

—Buenas tardes.

—Muy buenas, hermana.

—Hay que ver, Cristina, qué gordísima está usted, ¿eh? Parece un gocho.

Ya ves qué recibimiento. Mi cuñada se quedó eclipsada. Y mi madre, como era tan exagerada, para limar la tensión soltó una de las suyas y lo estropeó aún más:

—Hija de mi alma, Cristina, no te enfades, que tiene razón la hermana. Es que tú tienes un culo tan fenomenal que coge dentro mi hijo hasta con la gorra puesta.

Cómo estaría el ambiente que la monja recogió el canasto de las chufas y salió escopetada sin despedirse desiquiera.

Con decirte que a la Cristina la llamaban «la vaca» en Alba de Tormes está dicho todo. Ahora que, para vacas lecheras, las hijas. Personas gruesas he visto, pero como ellas... ¡Uh, es una cosa atroz! Tienen un tamaño de muslo... Ya ves. Juntando todo mi cuerpo solamente sale carne para hacer una pierna de ellas. Y eso que yo me gasto un formato de piríndola. Cuando bajan las escaleras van como los ascensores, subiendo y bajando, igual que las alas de los aeroplanos. Les va haciendo el culo «clin, clan, clin», como el sonido de las varitas de los relojes. Cada vez que tengo ocasión de verlas les digo la misma cosa:

—¡Niñas, por Dios!, ¿qué es lo que coméis?

—Tía, a nuestros maridos les damos sólo el caldo y nosotras nos comemos la carne.

Sus esposos, pobrecitos míos, están más chupados que una uva pasa. Me da miedo de que les vea un perro y les confunda con un hueso.

—Pero, bueno, ¿es que no os dan de comer mis sobrinillas?

—No, tía Cándida, qué va. Es que estamos asín concebidos.

Son unos chicos muy trabajadores que saben mirar por su casa. Con ellos han tenido las sobrinas una suerte totalitaria. ¡Ya quisieran mis hijas haber encontrado unos maridos la mitad de buenos que ésos! Con lo atocinadas que son las dos y han sabido escoger una cosa mala. ¡Porque mira que son palurdas! ¡Estáte quieto lo tercas que son mis sobrinas! Pues lo han hecho como el elefante, despacito pero para adelante, y los maridos las llevan en palmitas. No, si la verdad es que en esa familia han salido todos bien. Mi sobrino el Paco, sin ir más lejos, regenta un parador nacional. Un bar de esos en los que paran camiones. Tiene contratados, por lo menos, a cuatro o cinco camareros y allí organizan fiestas. Es un autobús de esos sin ruedas, grande grande, en el que han instalado mesas y van los matrimonios a comer. Un parador de carretera nacional con todo lujo de detalles.

DE MEDIADOS
A FINALES DE LOS OCHENTA

Sin penículas

Los años pasaban lentos, aunque no silenciosos, y estaba empezando a comprender que, cuando Dios aprieta, ahoga pero bien. Los chicos se me habían hecho todos mayores. El Javi llevaba ya una temporada echándole un pulso a la droga, que si ganaba ella, que si dominaba él, y un amanecer plomizo terminó la batalla y se metió de lleno en los negocios. Se colocó el chándal de ir a misa y salió a vendérmelo todo. Lo primero fue el reloj del comedor que me trajo mi hermano de su tienda de regalos de Valencia. Era una paellera con el dibujo de una barraca y las agujas hechas con cucharas de palo. Cuando salté de la cama me encontré el clavo temblando en la viga. El ruido de la puerta delató el regreso del ladrón.

—Hola, mama.

—¿Y el reloj?

—Se ha caído.

—¿Ah, sí? ¿Y dónde está la maquinaria?

—La he tirado.

—¡Vaya, qué curioso!

—Bueno, ya te vale, mama: lo he vendido. Ya te compraré otro mejor que ése. Si no valía nada. Sólo me han dado quinientas pesetas.

Después desapareció la segunda estufa que me había comprado la señora Encarnita con la bombona de gas incluida. Hacía frío y le digo:

—Prende la estufa pequeña, hijo.

—No está.

—¿Cómo que no está?

—Que no está.

—Pero si he comprado la bombona esta mañana.

—Pues no está.

—¿Ya te la has llevado?

—Que va, yo no he tocado nada.

—Entonces, ¿quién se la ha llevado? Están las puertas cerradas y no hay nadie más que tú.

—Ya te compraré yo una cuando cobre. Tampoco es para tanto.

Otro día fue una caja entera de cartones de leche. Fui a echar mano y había volado. Acababa de subir el Julián de la plaza con ella. Setecientas pesetas. La vecina me leyó el parte:

—Iba el Javi corre que te corre con la caja de leche.

Pero ¿cómo era posible que hubiera gente que comprara esas cosas? Pues se las compraban.

Me quitó la bolsa del mercado con dos litros de aceite, un kilo de azúcar y dos yogures. La dejé en la cocina y, al regresar del baño, tan sólo quedaba el hueco. Me cogió las figuritas del aparador que me había regalado mi nuera. Una familia de elefantes de cristal ámbar. Echó la mano, se las metió al bolsillo y a correr.

—¿Adónde vas, granuja?

—Nada, ahora vengo.

—Mira, Javi, donde están las señales del cerco del polvo en el mueble vuelves a colocar las figuritas y, si no, esta noche duermes en la calle.

Qué va. Me daba lástima y le dejaba pasar. Era un enfermo. Pero que el tío no me robaba nada más que a mí. Cosas de poca importancia, pero que me dejaban descompuesta.

Menos mal que las sillas estaban rotas, que si no se las habría llevado también. Era el cuento de contar y nunca acabar. Más largo que una soga. Dos juegos de sábanas, una toalla, una colcha y unos pañitos que hacía mi madre enrollando el perlé a un tapón de plástico de las botellas de vino. ¡Madre mía de mi vida! Hasta una peluca que tenía bonísima. De estas con pelo largo que guardaba yo precintada. Me dijo:

—Ha venido una gitana y se la he vendido por doscientas pesetas. Me ha dado cuatro pastillas.

—Pero bueno, ¡¿a ti qué te toca?! ¿Te toca eso a ti? ¡Vete a buscar cartones, hombre, y deja las cosas de dentro de casa! Con el trabajo que cuesta ganar las cosas.

—Si a ti te la dieron. ¿Tú para qué la querías? A ti te la dieron, o sea, que tampoco era tuya.

Frita no, me tenía rebozada. Y ya lo de la televisión fue la gota que colmó el plato. Me había ido a trabajar y le dejé acostado, asín que llamé a mi madre para ver qué tal se iba portando.

—¡Ay, hija, ven pronto!

—¿Qué te ha pasado, madre?

—Me he hecho las nesecidades encima. He entrado en la habitación un momento y cuando he salido se marchaba con la televisión.

Luego parece que se tranquilizó un poquito y se puso a trabajar de ascensorista. Me daba treinta mil todos los meses y me costaba cuarenta. Se llevaba mil doscientas por la mañana para comer y por las tardes otras quinientas para un paquete de tabaco y una pisicola, conque echa las cuentas. Al final me salía que la que le ayudaba era yo a él en vez de él a mí. Una cosa mala, pero al menos el chico estaba entretenido y yo muy satisfecha. Pues le llamaron de la comisaría para una cosa que tenía pendiente del 87 y fui yo a acompañarle para que no perdiera el puesto de trabajo. Es que no había derecho de que se lo quisieran llevar a la cárcel después de que consiguiera dejar la droga. El caso es que a la salida me dicen los policías:

—Usted es de Martos, ¿verdad?

—Sí.

—Ya nos había parecido que era marteña como nosotros, así que, por ser paisana, les acercamos a casa en el coche patrulla.

Íbamos detrás mi hijo y yo, conversando, y delante los policías. Muy simpáticos los dos.

—Parece el furgón del Equipo A, mama.

—Sí, hijo. Lástima que la policía sea tan cobarde.

El Javi me dio un codazo.

—Mama, ¿a qué viene eso ahora?

—Pues viene a que son unos cagados con los gitanos y no saben que los gitanos no se comen a los payos.

Los agentes se quedaron más cortados que la manga de un chaleco.

—Señora, ¿por qué dice usted eso?

—Por lo del televisor.

Y por el camino les conté la historia de cuando telefoneé a mi madre. Como en el ayuntamiento me dieron los atrasos de mi paga, me compré una televisión. Eché la solicitud en septiembre y en diciembre me pagaron tres meses juntos. Me fui a Alcampo y me compré un televisor que me costó setenta y nueve. ¡Menudo era! Lo estrené para Nochebuena y me duró quince días. A mitad de enero ya me lo había vendido el Javi para la droga. Le engañé:

—Si me dices a quién se lo has vendido te doy mil pesetas.

Y él, como por mil pesetas era capaz de tirarse por el Viaducto, me llevó a donde empieza la carretera de Vicálvaro, a la avenida de Guardalajara.

—¿Ves esa casa que tiene muchas cajas de ajos y lechugas de esas que venden por la calle?

—Sí.

—Pues ahí.

—Ahora verás tú.

Total, que estuve tocando el timbre y no salía nadie. Asín varios días, hasta que ya me comentó una vecina:

—Como su madre vive en Vallecas, se habrán ido a vivir con ella.

A la semana regresé con mi hija la Nati y mi nieta la Paula. Estaba la Policía Municipal haciendo una redada y nos pidió que nos marchásemos. Estaba todo el personal con porras, escopetas y de todo. Y ya un día, al pasar por delante en el autobús de la línea 4, les veo en la terraza tomando el sol. Me faltó tiempo para bajarme de un salto. Había un coche de la Policía Nacional parado en el descampado y me acerqué a contarles la historia.

—Señora, esa televisión ya no la ve usted más.

—Bueno, ustedes al menos me acompañan para comprobar si la tienen.

—No, no. Nosotros ahí no nos acercamos ni con toda la manada, y usted haga el favor de no arriesgarse, que no podemos responsabilizarnos.

O sea, que me dijeron que panadero a tus zapatos. Pues ni hablar. Yo estaba dispuesta a recuperarla y me adentré en el peligro. Estaba harta de vivir sin la única alegría de mi casa. Me decía la Puri que qué íbamos a hacer sin televisión y yo, para disimular mi pena, le respondía:

—Mira, aquella vecina de enfrente tiene. Nos ponemos las gafas de aumento y la vemos por el patio estupendamente. Aunque no se distinga la imagen, se ve la luz y, como por la hora podemos calcular lo que están echando, nos imaginamos lo que dicen.

Me aproximé a la casa. Me salieron al paso dos tiarrones, uno con una escopeta de cañones recortables y el otro con un cuchillo de la guerra de Cuba. Los policías bajaron el cristal del coche y se encogieron en los asientos. Ni ademán hicieron de bajarse. A la entrada de la vivienda me dieron el alto y les conté que mi hijo les había vendido un aparato y venía a recuperarlo. Según lo negaban asomé la cabeza por la puerta y la vi en lo alto de una mesa, tapada con un paño y con el mando a distancia encima.

—Yo la veo ahí muy bien puesta.

—Ésa es nuestra, señora.

—¿Sí? Mire usted, aquí traigo la garantía y pone que es de mi nombre. Asín que devuélvamela porque si no llamo a la Guardia Civil y no les deja ni los clavos de la caseta.

—Hale, márchese, que no queremos líos.

—Más me vale estar muerta que viva sin televisor. Sin ella no me marcho.

Como me vieron con un sofocón que para qué las prisas, me dijeron que me calmara. Insistieron en que me sentara un rato y me dieron una tila.

—Hay que ver qué valor tiene usted, señora. Mire, lo cierto es que no podemos dársela porque nos ha costado mil pesetas.

—Pues entonces démela, que ya veré yo de pagársela aunque sea a plazos.

—¿Y cómo se la va a llevar?

—¿Cómo la trajo mi hijo?

—En taxi.

—Entonces yo me la llevo en furgón.

Les pedí dinero para llamar desde una cabina que había en el descampado. Me prestaron tres duros y con ellos bajé y di aviso a mi yerno. El Anselmo se presentó con la furgoneta y con un cuchillo más grande que para qué. Nos fuimos y todavía estarán allí esperando las mil pesetas. O sea, que me dieron una manzanilla, suelto para el teléfono y la tele. La policía no daba crédito de lo que había visto.

—Señora, es usted una héroe. Lo que no hemos conseguido nosotros lo ha conseguido usted.

Se quedaron sin habla. De punta en blanco. Menudos cobardes más grandes. Nunca se ha visto una cosa igual. Una señora mayor teniendo que defenderse de los ladrones y los policías venga de fumar y de fumar metidos en el coche.

La culpa de mis hijos la tenía yo por no haberles proporcionado estudios a causa de la mala vida que me daba mi marido. Me pegaba con la correa y con todo lo que pillaba. Un día estaba en lo alto de una silla poniendo la radio y me clavó un cuchillo en la espalda. Me di la vuelta, le tiré la radio a la cabeza y allí acabaron los malos tratos. Lo acorralé del cuello contra la pared y si no acude la vecina lo dejo allí pegado. Tenía ya media barra de lengua fuera.

—O te mato o me matas tú, pero esto se ha terminado ya. ¡Qué lástima que no te hubiera atrapado antes!

Entonces él me cogió miedo y ya nada. Es que me pegaba con el cinturón y me tiraba banquetas porque tenía un alcohol muy malo. Un beber malísimo. Yo salía corriendo a esconderme y los chicos se ponían por delante, hasta que un día el Julián le paró de un puñetazo que le partió la nariz y le arrancó dos dientes. El Román se fue a la comisaría y puso una denuncia. Yo hablé con el policía:

—Aquí el problema es el padre, no el hijo. A los chicos me los tiene consumidos de los nervios y a mí también. Yo estoy aguantándole porque tengo una criatura pequeña.

—Entonces, ¿qué hacemos? ¿Rompemos la denuncia?

—Sí.

—Pues no se preocupe, que nosotros nos encargaremos de que no la moleste más.

Y ya parece que cambió. Apenas bebía, porque le dijeron en el Ramón y Cajal que o dejaba el vino y el tabaco, o poco le quedaba de vida.

Vida cotidiana

Volvieron las Navidades y, como desde la cabeza de cerdo no cayó nunca más una cesta, el día 24 me llegué hasta la iglesia a pedir el aguilando en la puerta:

No hay que dormirse,
no hay que dormirse,
la Nochebuena es para divertirse.
Y aquí quiriquí,
y aquí quiricuando,
de aquí no me marcho
sin el aguilando.

A la puerta me reconocieron dos hermanas mayores, las Sánchez, y me dijeron que si quería asistir. Una se llamaba doña María y la otra doña no me acuerdo. Les conté lo que arrastraba con mi marido enfermo y con la Puri, que no me estudiaba ni me sabía hacer nada utilitario. Les expliqué a las Sánchez que la chica era zocata, de las que cosen con la izquierda y escriben al revés, pero que ponía mucho empeño.

—Pues mire, voy a hablar con mi otra hermana, que es auxiliar de monja, a ver si quiere colocar a la niña.

Al otro día, cuando llegué, me confirmó la buenaventuranza:

—Cándida, me traiga usted mañana el Libro de Familia.

Se lo llevé a primera hora y, hacia las once y cuarto, admitían a la Puri en el convento de las madres de la Caridad, en la glorieta de Rubén Darío. Empezó a estudiar segundo de administrativo y avanzaba tanto que a punto estuvo de sacarse el diploma oficial y colocarse de secretaria de alto estandin, si no fuera por el militar que se le cruzó en el camino.

Eso ocurió después. Por lo presente yo vivía en la gloria. Las hermanas Sánchez eran muy decentes, aunque demasiado beatas. Siempre estaban en la misa. Yo arreglando la casa y ellas siempre en la iglesia. Estuve unos años y luego, como ya eran tan antiguas, una se volvió loca y se retiró a un asilo y a la otra se la llevó su hijo por delante. Entonces me traspasé con unos señores que vivían en la casa donde mataron a Carrero Blanco.

Era una señora con cinco hijos, cuatro chicas y un aparejador que estaba trabajando en los ministerios. El padre murió alcohólico anónimo, estando yo en casa. Le tenía que esconder la mujer las botellas porque se las pimplaba como el agua. Las guardaba, bien pertrechadas para que no las viera, en la terraza donde dormía el perro. Ella era buena, buena, lo que se dice santa. Y el padre lo mismo: un borracho estupendo. Bebía, pero ni la maltrataba con el cinturón ni nada. El único malo, el perro. Cada vez que me acercaba al corredor con la fregona, se abalanzaba hacia mí y me mordía el palo. Se conoce que cuando se meaba le pegaban con el mocho y el animal tenía miedo de que yo también le zurrase. Todos los días me tocaba plantarle cara. Ya ves, ahí me correspondían dos oficios: asistenta y domadora. Una cosa mala.

Después se compraron un piso a diez minutos del centro, en una colonia muy alejada. Se tardaba cerca de dos horas en llegar al sitio. Era un supletorio de dos plantas con jardín y piscina. Como un apartamento, pero con el garaje incrustado. Me parece que le decían chalé adobado. Me ofrecieron quedarme con ellos de fija y dije que no podía ser, porque yo atendía a mi familia y nesecitaba colocaciones libres de carga. Comprendieron el disgusto y, al cambio, recogieron a una pareja de chinos japoneses. A él le encargaron el mantenimiento del coche y la limpieza de los jardines y a ella las labores propias de la casa. Era un chalé grandísimo con dos chimeneas. Estaba forrado todo de piedra mármol y los muebles en blanco. De capricho. Con unos espejos a la entrada y las vitrinas de cristal. ¡Una casa divina!

Cuando hicieron la mudanza, me preguntaron que si me comprometía a dejarles el piso viejo curioso, para poderlo alquilar decentemente. Yo dije que sí y me traje a toda la familia de ayudantes. El Javi me estuvo pintando las sillas de la terraza y el suelo de la cocina en negro. El Julián me puso los baldosines del cuarto de baño que estaban mayormente levantados. Yo empapelé dos habitaciones con la Puri, que me iba quitando las gotas de cola... O sea, que estuvimos allí trabajando todos menos mi marido que, como siempre, sólo hizo de apuntador. Ya vinieron los dueños y quedaron muy recelosos de contentos. Me pagaron estupendamente. Yo les dije cincuenta y ellos me dieron setenta. Tan aparente quedó que, en menos que maúlla un gato, deseguida lo alquilaron a unos americanos.

* * *

El Julián se puso a trabajar con su hermano Mariano de camionero y se compró una guitarra con la que me tocaba canciones. Cantó hasta que le pillaron en la calle abriendo una garita telefónica y le echaron tres meses de cárcel y veinte mil pesetas de fianza. Se aficionó a los porros y, al salir, un día que bebió mucho se puso malo. Se conoce que, del retortijón, se quedó echado encima de un coche y llamaron los vecinos a la policía. Le dieron el alto y él dice que no se percató. Echó a correr y un tiro le atravesó la vesícula, el intestino y las gallinejas. Por ahí tengo los papeles y los rayos equis de los entresijos. Estuvo ingresado en el hospital Gregorio Marañón y desde aquélla ya se quedó chiflado perdido. Meses más tarde entró de barrendero, pero ya la cabeza no le pitaba. Decía que le arrancaban la nuez. Que le pegaban martillazos. Que le metían el dedo en la boca. Que le querían matar. Veía marcianos por los tejados... Estaba trastornado perdido. Me llamó el médico para leerme el historial de él y parecía que me estaba dando el pésame.

—Fíjese usted, señora Cándida, que su hijo dice que siendo bebé le abandonaron, que viene de una familia muy rica, que usted le recogió y que ahora le están haciendo magia negra para que no cobre la herencia.

Tenía cada cosa... Lo peor es que nos quedamos sin canciones en casa. No porque él no tocara, no, sino porque lo que tocaba ya no guardaba ningún parecido con la música. Un día me dice:

—Mama, adiós, que me voy a tirarme al metro.

—Bueno, Julián, por mí conforme.

—Como estoy asegurado de barrendero, tengo que cobrar un millón de pesetas. Vas allí y que te lo den.

—Vale, hijo, estupendamente.

Eso sería sobre las nueve de la mañana. A las doce o por ahí tocaron al timbre.

—Pero ¿ya has vuelto de tirarte al metro?

Es que me he arrepentido de matarme porque hace mucho frío.

Se metió para adentro y le dio un ataque. Me tiró toda la ropa del armario y se fugó con un cuchillo a cortarle el cuello a su abuela. ¡Menudo susto de muerte le pegó! Le llevamos al Alonso Vega y allí se pasó varios meses. Después le trajimos porque estaba estupendamente. Salió una mañana a por tabaco y pasó un mes sin que supiéramos nada de él. Dos meses y en ascuas. Tres meses en albis. Y a los cuatro se dignó a llamar.

—¡Mama!

—Hijo, ¿dónde estás?

—Aquí.

—¿Y dónde queda eso?

—En Barcelona.

—¿Pero qué haces?

—Me he encontrado un reloj de oro, lo he vendido por veinte mil pesetas, me he comprado toalla y jabón y me he lavado por fin.

—Bueno, y ¿qué comes?

—Lo que me encuentro en la basura.

—¿Y la ropa?

—Cojo los trapos que me encuentro tirados.

—Mira. Me parece muy bien, pero vente. ¿A ver qué es lo que tienes que hacer tú en Barcelona?

—Aquí.

Total, que le volví a perder el rastro hasta que al cabo de quince días llamó mi hermano de Salamanca.

—¡Adivina a quién tengo a mi lado!

Se había ido hasta Alba de Tormes andando. Me dijo el Perico:

—Yo no puedo con él. Dice que corretean marcianos por los tejados. Insiste en que merodean por la zona y nos quieren matar. Estamos asustados porque se pasa toda la noche en vela vigilando por la ventana y nosotros no hemos visto nada. Esto no puede continuar asín con este chico, porque cualquier día coge y nos mata a todos. Prepárate a recibirlo que te lo mando de vuelta.

Le metió en el coche de línea y yo fui a recogerle. Nada más verle en la estación, traté de plantarle cara al problema:

—Julián, hijo, ¿qué diablos te pasa?

—Que me corren, mama. Que me quieren matar con un cuchillo. Me corren por detrás y me van dando martillazos en la cabeza. Es como si me partieran el cuerpo en dos. Mitad en un mundo y mitad en otro.

—O sea, Julián, para entendernos: que medio cuerpo en el sur y medio en el oeste.

—No, mama. Como si me partieran en dos tandas. Medio cuerpo en un país y el otro medio en un planeta.

—Sí, hijo, sí.

—La cabeza parece que no la tuviera puesta. Me da la sensación de que me la hubieran cortado.

—Muchacho, ¿tú bebes?

—Qué va, mama, me lo tienen prohibido los marcianos.

Pedí de nuevo su ingreso en el Alonso Vega y, esta vez, por la vía urgente. Se metió una temporadita buena. Lo suficientemente larga como para que le diera tiempo de echarse una novia en el centro. Otra impaciente como él, que estaba más ida que un garbanzal. Quiso Cupido hincarle bien fuerte su lanza y se quedó muy romántico, aporreando a todas horas la guitarra hasta que la otra le dio castañas. Se quedó enamorado como un tonto de la boba ésa. Mucho después de recibir el alta, cuando ya los padres de la novia le habían colgado el teléfono setenta veces, aún trasnochaba componiéndole coplas de amor en la banqueta de la cocina. Se hubiera tirado años de trovador de no ser porque su hermano el Javi se encargó de cortarle la afición de cuajo. Le dejó la funda de la guitarra rellena con la almohada en lo alto del sofá y vendió el instrumento a los gitanos para seguir viendo dragones.

Pobre Julián, con lo sensible que se ponía él cantando: «¡Ay!, Marisa, mi Marisita, enséñame tú el parrús.» Lástima de vocación perdida, pero su hermano, por la heroína, era capaz de vender su propio apellido al Diablo. Total, ¿para qué lo quería, si no lo había respetado nunca? Igual le daba Ramírez que Jiménez de Vaca. Drogadicto de ida y vuelta. Completo. No sabía más que vender todo lo que pillaba para pincharse los brazos. Al Teodosio también le formó una... Se fijó en que tenía una máquina de fotos con buena pinta y le hizo un truco:

—Déjame la cámara.

—¿Para qué?

—Para verla.

El hermano se confió y el Javi se la vendió a los gitanos por mil pesetas. Al enterarse, el Teodosio espurreaba de rabia:

—¡Te voy a arrancar las uñas para hacerme un caldo!

Es que mil pesetas era poquísimo. A lo menos si le hubieran dado dos mil o dos mil quinientas... pues sí, pero estando con el mono aceptaba rebajas. Le cogió el Teodosio de la oreja y se marcharon camino del campamento a recuperarla. Dice que había una chabola medio derruida y que, al verla, el Javi le dio el alto:

—Es aquí. Tú espérame fuera, que es peligroso. Dame mil pesetas y la recompro.

El Teodosio le dio el dinero y esperando, esperando, y que no salía. Al rato aparece un gitano.

—Payo, ¿a quién estás esperando?

—A mi hermano, que ha entrado a por una cámara de fotos.

—¿A tu hermano? Aquí no hay persona ninguna, que esta casa está vacía. ¿No será tu hermano ese que se va corriendo por aquella loma?

El Teodosio miró para adentro y al meter la cabeza se fijó en que la barraca tenía otra puerta del otro lado, de manera que el Javi se había salido pitando con las mil pesetas. Hacía cada una...

Reunía yo en casa la colección de hijos completa para ponerla encima de la televisión. Familia de cuervos. Pues mira tú el otro: el Román. Ése tenía la misma mala leche que su padre y me le expulsaron del colegio por quemarle a un chico el cuello con una colilla. Estaban en el servicio fumando y, al acercarse el otro, le quemó con la punta del cigarro. El chaval se chivó a su padre, el padre al director y a mi Román le pusieron en la calle. La noticia me cayó como un mazo de agua fría.

—Román, ¿tú te crees que está bonito eso del cigarro?

—Ha sido una broma, mama.

—¡Menuda inocentada! Que sepas que está feísimo fumar tan joven.

Ahí firmó su sentencia. Caput. Iba bien, sacaba buenas notas, pero, una vez que te echan del colegio por mala conducta con catorce años, despídete. No le quisieron admitir en ninguna otra escuela y, en cuanto que me operaron a mí de las piernas, hubo que meterle en un reformatorio porque hizo una travesura. Le pillaron con una navaja atracando yo qué sé qué. Ingresó en los Sagrados Corazones, al lado de la comisaría de Carabanchel. Me dijo el profesor que ése era un colegio al que iban los que se encuentran por la calle robando, los que han sido abandonados por la familia y los hijos de padres separados. Total, que de allí ya no paró más quieto. Salía las mismas veces que entraba. Le daban permiso, volvían a cazarle; salía, le metían otra vez... Estaba siempre asín. Nada más que dando guerra. En una ocasión que le mandaron a casa se acercó mi marido a informarse y a decirle al tribunal que el chico se había reformado un poquito. Se alegraron de las noticias, pero le recordaron que al Román era necesario vigilarle y sobrellevarle para que no descarriara.

—Si su hijo a partir de ahora no hace nada más, todo lo que tiene le queda perdonado. Pero si comete nuevas fechorías, los antecedentes le saldrán.

Y asín sucedió: fue acumulando, acumulando, y al final le tocó pagarlo todo junto. Del reformatorio saltó a la cárcel a la edad de diecisiete años, y entre Ocaña, Carabanchel, León y Soto se tiró hasta los treinta. Se juntaba con los gamberros y, no sé cómo se lo montaría, pero el caso es que ellos salían libres y a él siempre le caían todas las culpas. Encima conoció en la Protección de Menores a una chica con la que salía los delfines de semana y que, por motivos innecesarios, cayó en estado de buena esperanza con tan sólo catorce años. A él le llevaron a la cárcel permanente y la chica tuvo al niño en solitario. Era muy maja. Mi hijo se quedó con una pena tan grande cuando murió que la puso retratada en la pared de su cuarto. Colocó dos fotos profesionales de estas que te haces en un fotomatón del metro. Cosa linda de veras. En una salía el matrimonio bromeando y en otra el hijo solitario. Bueno, del chico, lo que es verse, se veía solamente medio retrato. Salió con la cabeza un poco cortada porque el chiquillo era pequeño y no alcanzaba el taburete a subir más alto. Se veía lo que se dice el pelo y los ojos, pero se le reconocía y estaba muy majo. Es que mi nietastro ha sido siempre moreno y salubre. Le pusieron Jordi José, como a su madre. Ya hizo la comunión y cuando el Román estaba en Ocaña, que salió de vacaciones, le compré por Reyes unos patines y una pistola. Se volvió loco de contento. Además que desde el principio supo perfectamente quiénes éramos todos.

—¿Quién es tu padre, Jordi José?

—¡Pocholo!

—¿Y tu abuela?

—¡Caña!

A mi Román le pusieron en el barrio Pocholo y con lo de Pocholo se ha quedado. Fue una vecina, una graciosa que le decía:

—Ven para acá, pocholín.

Cosas de las vecinas. No tenían otra cosa que hacer que inventar nombres. Se pasaban las horas muertas en el banco comiendo pipas.

—No mantienen, pero entretienen.

Se sentaban como los pavos en lo alto del poyete de los bancos de la calle y a chasquear la lengua. Por las mañanas me tocaba a mí barrer las cáscaras porque el barrendero me decía que, de las aceras para afuera, la limpieza pertenecía al ayuntamiento y, de las aceras a las cunetas, le tocaba sanearlo a la mujer que hiciese el portal. En mi torre, como éramos once pisos y cuarenta y siete vecinas, íbamos rotando el turno para que cada día le tocaran las escaleras y la entrada a una distinta. Sin embargo, muchas me pagaban quinientas pesetas para que les hiciera yo el trabajo. En mi planta se lo hacía a tres, en el tercero a una, en el cuarto a otra y en el piso once a otras tres que tenían las puertas seguidas. Me tocaba prácticamente todos los días, pero asín me sacaba la comunidad gratuitamente. Yo barriendo y ellas venga a tirar pipas al suelo. Ellas fueron las que le pusieron Pocholo a mi Román y Pochete a mi Javi. Se debe estilar lo del mote en San Blas, porque una mañana estaba haciendo el portal y se me acercó una:

—Oye, Pochola...

—De Pochola no tengo nada, guapa. Me llamo Cándida.

—¡Uy!, perdona la interrupción.

—No, no. Es que los nombres hay que respetarlos.

¡Buenas son las cotorras!: si les dejas tu brazo a torcer, te retuercen la mano. Y eso que a mí me queda poco por retorcer; que mis hijos ya me han dado tres vueltas de campana. Ocho traje al mundo y los ocho me han salido defectuosos. La mala suerte de no haber exigido el certificado de garantía en el sanatorio. Menudo calvario. Ahora, el peor, mi marido. Ése era el que seguía más pesado. En la cama metido las veinticuatro horas. No podía ni andar. Yo llegaba de las casas y él, apenas escuchaba el llavín en la cerradura, ya empezaba a lamentarse.

—¡Ay, que me duelen mucho los huevos!

—¿Sí? Eso es porque, de tanto estarte acostado, los tienes cluecos y te van a salir polluelos.

No se movía de la posición supina. Nada más que de dormir y de dormir. Se tomaba hasta cuatro o cinco pastillas para soñar. Por la noche se levantaba, se volvía a acostar...

—¡Que me caiiigo!... ¡Que me caiiigo!

—Pues hombre, si te caes, levántate.

—Estoy muy maaalo... Me voy a morir... Llévame al hospital.

—¿Al hospital? Al cementerio te vamos a llevar, a ver si te aceptan.

No hacía otra cosa que comer y beber. Ocho yogures diarios y dos botellas de litro y medio de leche. Salía con el vasito y... ¡hala! Cuando yo me levantaba me iba tropezando por el pasillo con las ocho cáscaras de yogures que había desparramado por el suelo.

—Román, ¿y esto?

—Si no puedo masticar. Si mira como tengo la boca.

—Hombre, pero podías limpiarlo.

Se ponía a comer fideos y se le resbalaban por la barbilla como lombrices... Era una cosa mala. ¡Ah!... ¡Pero estate quieto que lo mismo otro día le daba por cocinar! Se ponía arrepentido y guisaba estupendamente. Echaba los garbanzos a remojo con sal, los lavaba y los ponía a cocer con laurel, un casquito de cebolla, un diente de ajo, un poco de aceite con pimentón y una patata. Potaje. Hacía las recetas a viceversa que mi madre: mucho aceite y poca agua. Estaba riquísimo. Esperaba en el zaguán a que volviera yo y me invitaba muy amable a la cocina:

—Venga, vamos a comer.

—¡Ay!, Román, qué gusto.

Estaba radicalmente convencida de que, con la buena vida que se tiraba, yo me iba a morir antes que él. Claro que, por si acaso, ya que el Román siempre insistía en que llevaba las puertas del cielo detrás de la oreja, me pareció oportuno seguir pagándole el seguro de entierro.

—Más vale asín, porque, cuando muera el gusano, no va a haber quién le quiera.

En casa éramos muy partidarios de los seguros de entierro. El mío empezó a pagarlo mi madre cuando nací y, al cumplir los dieciocho años, cuando tuve la razón en uso, me pasó el relevo de los recibos. Luego, por seguir con la tradición familiar, cuando nacía un hijo le apuntaba. Me tocaba pagar todos los meses dos mil quinientas y pico a Santa Lucía. Mi madre se pagaba ella sola las mil quinientas en el pueblo. Le salía más barato y mejor apañado porque tenía derecho a un nicho y todos los extras. Nosotros no. Nosotros a la tierra. De tierra salimos y a la tierra vamos. Además, ella llevaba derecho a un funeral de tres capas, o sea, de tres curas, y nosotros no llevábamos más que un sacerdote y, seguramente, recién ordeñado.

Huérfana adoptiva

La Nati se separó de su marido y se juntó con otro por el parné. Decía que como su marido no la pasaba nada y éste le daba ciento ochenta y cinco mil todos los meses, le salía muy conveniente. Él estuvo descargando carbón hasta que le pegó un pinzamiento en los riñones y le concedieron la baja. Lo malo es que se olvidó de echar los papeles y le dieron boleto; o sea, que si trabajaba cobraba, pero si no, no. Me confesó mi hija:

—El día que se le acabe el grifo le mando a tomar por culo, mama.

Le tenía esclavillado, trabajando en un chalé grandísimo que se hicieron en Guardalajara. Les costó cuarenta y nueve millones. Yo solamente conocí la casa cuando estaba en los esqueletos, porque luego, mucho prometerme que me iban a llevar, que me iban a llevar, pero no me llevaron nunca. La piscina les costó dos millones y la terraza uno. Ni me imagino de dónde sacarían tanto dineral, porque yo no paraba de trabajar y andaba siempre sin un duro y ellos, al máximo esplendor, con un peral, un cerezo, paraguayas y toda la parcela rodeada de arciprestes. Sembraron hasta tomates.

Allí en el chalé tenía mi hija al novio ocupado las veinticuatro horas. Ella y mi nieta se quedaban a diario en el piso de Madrid y se marchaban al campo los delfines de semana. Pero que no veas el nivel de vida. La Nati se compró una furgoneta azul y su hija, la Lola, un coche verde. ¿A ver de dónde salía el negocio para estirarse tanto? No sé dónde se meterían o se dejarían de meter, pero vivían como los duques de Urquijo. La vez que fui a la parcela me compadecí del novio.

—Hijo, ¡qué flaco estás! Estás para unas sopitas y un vino.

—Su hija, que me tiene reventado.

¿Sabes lo que comía el pobre? Las latas esas que me daban a mí en la Cruz Roja y que mis hijos decían que era carne para perros. Se las mandaba los domingos la Nati al chalé y a base de eso se iba manteniendo. Era ternera de la buena, lo único que venía caducada.

Mi nieta metió a su novio a vivir con ellas. Menuda compañía. El chico no trabajaba y se tiraba allí las horas muertas repasando la ropa con la plancha. Había estado empleado por tres años en una empresa multinternacional pero le cumplió el contrato y le dijeron que no le relevaban. Conque ya me dijo la Lola que se aburría en el piso y que se quería venirse conmigo a servir:

—Abuela, asín aprovecho el coche nuevo para transportarte.

Le dije que no. De ninguna manera, porque sin consultar a los señores no se puede llevar a nadie y, además, ya estaba curada de espanto, porque ninguno de los que había llevado a trabajar movió un dedo para ayudarme. Llevé una vez al Julián y permaneció tirado en el sofá fumando y fumando, hasta que me llamó la atención el señorito:

—Cándida, tú puedes venir cuando quieras, pero tus hijos no.

A ver, otro día llevé a la otra nieta y empezó a quejarse de que le dolían las muelas y se acostó en la cama del matrimonio. Me preguntó la señora al volver:

—Cándida, ¿no decías que ibas a traer ayuda?

—Si la he traído.

—¿Y dónde está?

—En su cama acostada porque le duelen a reventar las muelas.

—Pues la próxima vez, si está mala, que se acueste en su casa, que yo aquí no la quiero.

El Javi también se empeñó un día en echarme una mano y le encargué de limpiar los cristales de las puertas corredizas, en casa de la señorita Sara. Llenaba cubos de agua y los arrojaba sobre el cristal para aclarar el jabón. O sea, que estaba en el interior del salón comedor y venga a lanzar cubos de agua. Para cuando le paramos estaba todo el piso de madera chorreando. Se quedó el parqué abarquillado. Un desastre. No valía para trabajar ninguno. Ninguno salió a su madre.

La Puri era la única en que verdaderamente tenía esperanzas depositadas. Estudiando para secretaria internacional y sabiendo de máquina y de cuentas, se le abría un porvenir buenísimo. Pues tampoco. A mí me ayudaba de vez en cuando, pero no resultaba. Estuvimos en una oficina nueva que iban a montar y me la llevé. Salimos las dos con el culo en pompa. Yo me subí a una silla baja, a poner la barra de las perchas en un armario, y caí hacia atrás. Rompí el cubo, rompí la fregona e inundé toda la habitación. Se me puso el culo más negro que un tomate. Llamé a mi nuera, que trabaja en una farmacia, y le pregunté:

—¿Qué hago? Se me ha metido el hierro del asa por las partes.

—Vaya usted a urgencias.

—A urgencias no voy a ir.

—Bueno, pues ponga agua tibia en el bidé y se alivia.

Es que yo de médicos estaba escarmentada. Dicen que saben, pero qué van a saber. Acababa de ir al dentista y me sacó la muela buena porque tenía las dos juntas. Dice:

—¿Qué muela es?

—Ésta.

Empezó a tirar fuerte, como si estuviera aparejando borricos. Allí tira que te tira, venga a estirar poniendo el pie en el asiento, y cuando fui a echar mano me había sacado la que no era. Por eso me quedé con la receta del bidé y listo.

Después dijo la Puri:

—Mama, tú déjame a mí, que yo colocaré la barra.

Se subió a la misma banqueta, se resbaló lo mismo y se metió el palo de la silla por las mismas partes. Iba con las piernas abiertas como un pato.

—Mama, ¿cómo lo tengo?

Lo tenía negro como el carbón. Parecía que había estado en una carbonería.

Luego se ve que conoció a un chico de Murcia en el baile de Canillejas, en la sala Argentina. Salió tres o cuatro meses con él y le dijo a la hermana que estaba en estado. Lo sabía todo el barrio menos yo. Terminé enterándome de que se trataba de un soldado por mi nieta, que me llevó hasta el cuartel. Le pregunté al vigilante:

—¿Usted sabe si hay aquí una chica morena con el pelo largo?

—Acaba de salir.

—Entonces nesecito hablar con el sargento.

Pasé para averiguar quién era el que estaba golfeando con mi hija y el mismo portero le señalizó con el dedo:

—¡Ése!

El capitán salió de momento:

—Señora, desconocía el problema. Ahora mismito me han informado y vengo de meterle un buen paquete por haber abandonado la guardia.

Yo le expuse que el chico tenía que casarse con mi Puri y él me explicó que todo aquello que el soldado hiciera dentro del cuartel me lo podía solucionar, pero que sobre lo que cometiese fuera él no tenía jurisprudencia y sugirió que le plantase una denuncia en comisaría. Se lo comenté a mi hija y manifestó que no deseaba ni denunciarle, ni casarse con él, ni volver a verle. Las tres marías. A lo visto, el novio quería que abortara porque él tenía otra prometida en el pueblo. Ella se negó y entró en contacto con las señoritas de la comunidad autónoma con la intención de donar el hijo a un matrimonio.

Alarmada ante la posibilidad de que perdiera los estudios cosechados, la metí con urgencia en la casa de las madres solteras que dirigen en Carabanchel las monjas Noblatas. Tardó un día en salirse. Decía que pasaba miedo. Que aquello estaba a reventar de madres de mala vida. No quería otra cosa más que baile. Se iba a Vicálvaro noche tras noche, hasta que conoció al otro que tiene apalancado ahora, al Bonifacio. Un tío más soso que un potaje de habas y más parado que un buzón de correos.

Llegó el día del parto y el médico llevó los papeles para que firmase que regalaba la niña. Yo salí llorando de la habitación en busca del cura.

—¿Qué le pasa, Cándida, que va usted a inundar la policlínica?

—Mire usted, me da mucha pena de dejar a la nieta en una familia desconocida.

—Y... dígame qué podemos hacer.

—Pues nada. ¿Usted sabe si yo puedo llevármela?

—Hombre, claro. Por supuesto. Usted es la madre política y por tanto puede.

Batí el récord del mundo en el camino de vuelta.

—Pare usted los papeleos, doctor, que me quedo a la niña.

—¿Ah, sí? Mire usted muy bien lo que va a hacer....

—Lo mismo que he criado ocho, crío nueve. Envuélvamela, que me la llevo.

Conque una monja que estaba allí ya no pudo contenerse y pegó un grito solemne y emocionado:

—¡Ole sus cojones!

—A ver, madre, ¡qué remedio!

—Hace usted estupendamente en cogerla, porque es una lástima dejar a una criatura abandonada. Da mucho coraje.

¿No cuentan que los bebés traen la hogaza de pan debajo del brazo? Yo lo comprobé nada más salir a la calle. Miré en un contenedor de basura y encontré una cuna niquelada de lo más flamante. La eché el guante y marché para casa, en una mano la niña y en la otra la cama, avanzando, en medio de la noche, en contra de unas fortísimas garrafas de aire frío que me azotaban la cara.

En la ceremonia del bautizo, el Teodosio hizo de padre y el cura no se enteró del engaño. Bautizamos a la Anastasia en la iglesia de San Joaquín, al final de la calle donde está la boca del metro, y llevó un traje blanco muy caro que le estaba un poquito grande. Teodosio se colocó al lado de la Puri y de los padrinos, el Mariano y su mujer, y tuvo que firmar como si fuera el soldado. No sé qué nombre pondría en la firma, pero el sacerdote no preguntó nada. Bueno, es que nunca preguntan. Lo que quieren es coger el donativo y ya está.

Desde el principio consideré a la Anastasia como si fuera mi hija. Yo la limpiaba, le daba de comer y le hacía de todo, mientras que la Puri se levantaba, ponía los pieses en lo alto de la mesa con el cigarro en la boca y hojeaba una revista de puzzles. Venía yo de Ocaña de visitar al chico y me encontraba la comida sin preparar y la casa desarreglada. Un desastre. Ni me fregaba los cacharros, ni me solucionaba los cumplidos del hogar. Asín que la tuve que llamar la atención:

—Tú verás lo que vas a hacer.

—Me voy a ir a casa del Bonifacio.

—Pues, anda y vete. Porque para lo que me haces a mí, más vale que te vayas.

Y se marchó sin dar portazo. Cerró tan flojito que me llamó la atención, por cuidadosa.

Al cumplir la Anastasia los tres meses caí en la cuenta de que tenía a la pobre criatura rodeada de enfermos. Asín que, en cuanto se me presentó la oportunidad pintada de calva, solicité una petición a una señorita de la casa de acogida.

—Cándida, tenemos una plaza en San Lorenzo del Escorial.

—¡Uy, qué bien!, me parece francamente. A caballo regalado no se le enseña el diente.

Era un colegio que le decían Casa Jardín de no sé qué. Había por lo menos otras veinte niñas. Mayoritariamente eran hijas de extranjeras y de japonesas. De esas que vienen a España a trabajar días de diario dejando allí a los niños y luego los delfines de semana vuelven a buscarlos. Las monjas eran mulatas de todos los países. Las había de los quince continentes. Vestían de blanco absoluto y con una limpieza impecable hasta en los capuchones de la cabeza. Limpias, limpias. ¡Una cosa digna de mencionarse! Se las entendía muy poquito porque hablaban en italiano, aunque, eso sí, lo que se las entendía, se las entendía divinamente.

Yo iba los domingos y los miércoles. Dos días en semana. Estuve más de un año yendo y viniendo. Muchas veces me tocaba caminar bajo la lluvia, con las piernas que las tenía como botes. En ese tiempo la Puri no fue nada más que seis veces contadas. Ni una más, ni dos menos. Decían las monjas al verme llegar:

—Ya vienen la madre y la abuela. Las dos parientes en una.

La Anastasia, apenas me veía, salía corre que te corre a por mí. Yo la enseñé a andar agarrándose a las paredes. ¡Cuántas veces, con aquella calor del verano, la habré sacado y la habré llevado por el pueblo a cuestas!... La quería muchísimo. Lo que más le compraba eran colines. Como estaba echando los dientes, los chupeteaba y los masticaba a base de bien. Pero un día cambié la moda y la compré gusanitos. Llegó con todas las manos amarillas y las monjas me montaron una de miedo. Muy estrictas. Desde entonces ya me llevaba yo una servilleta y le lavaba las manos en una fuente antes de entrar.

Al año, como la autoescuela infantil pillaba tan retirada del centro y mi marido insistía tanto en que echaba de menos a la nieta, la saqué y la tuve en casa otra temporada larga. El día que me la traje lloraban las monjas italianas amargamente:

—¿Para qué quita? Única niña tan buena y usted quita. Única niña tan guapa y usted lleva.

La busqué sitio en la guardería Los Pulgarcitos y, al mes y medio, se la llevó la madre diciendo que prefería tenerla ella. Me llamó la superiora:

—Señora Cándida, ¿qué pasa con la niña? ¿La doy de baja?

—Haga usted lo que quiera porque la ha sacado mi Puri y dice que no tiene intención de devolverla.

Era una guardería en la que reinaba un calor de miedo en todas las aulas. Pues como si nada. La Puri prefería mantenerla encerrada en una habitación. Una criaturita que nesecitaba convivir porque ya daba besitos y de todo... ¡Pues nada! Muchos me lo habían advertido: «A los nietos hay que airearlos y llevarlos de visita porque, si no, se te empotran en casa», «Vaya usted y quítele la custodia a su hija, porque cualquier día viene y se la lleva». Y asín fue. Ya ves tú.

Estando preñada se ponía la mano en la tripa y se pegaba de manotazos para aborrecerla, pero, de que la vio tan bonita andando, ya se encaprichó. Se llevó la cuna, dos o tres bolsas de ropa y la batidora. Se portó cochinamente. No se la ocurría traerla de visita para que la viéramos y mi marido empeoró por culpa del disgusto. Eso no se hace. Al lugar de estar agradecida... ¡mira! Me llamó desde una garita telefónica:

—Mama, ¿vas a venirte a ver a la niña?

—No, tráela tú para que la vea tu padre.

—¿Es que no tiene ahí el papá la foto?

—Sí.

—Pues entonces ya la ve ahí.

—Hombre, muy bonito.

—Bueno, mama, vente a ver a la Anastasia.

—Si ya tengo la foto, ¿para qué voy a irme hasta Vicálvaro?

—Es que hay que vacunarla.

—Pues llévala tú. ¿No es tu hija?, pues la llevas tú.

—Te lo he dicho en broma.

—Pues yo te lo digo de veras. Si quieres que vea a tu hija la traes aquí, porque de aquí te la has llevado.

—Es que tengo mucho que hacer, porque estoy sola y tengo que preparar la comida para los tres.

—O sea, que aquí no hacías la comida ni para tus hermanos ni para tu padre y, en cambio, cocinas para tres hombres extraños. Muy bien, hija, sigue asín.

Pero como me volvió a llamar pidiendo aceite y garbanzos, que no tenían para comer, me dio compasión de mi nieta y me acerqué a visitarla. Tenía a la niña en el suelo, llena de mocos y sucia. El Bonifacio en calzoncillos y ella con toda la tripa al aire. Una cosa mala. La dejé una bolsa de alubias, dos kilos de azúcar blanquilla, dos de lentejas, un cartón de leche, media docena de huevos y dos litros de aceite y me llevé a la Anastasia conmigo. La Puri salió a la puerta rumiando por todo lo alto:

—¡Asín me veas muriéndome, no me llames!

No la llamé y ella estuvo tres meses sin venir. Cogió un oficio de repartir propaganda en un pueblo y volvió con los pieses llenos de alergias, la boca llena de pupas y enferma. Me dio lástima y me la traje a casa. Al poco ya empezaba que si se iba a casa del novio, se venía a casa, se iba a casa del novio... Hasta que se trajo al Bonifacio a instalarse con nosotros. Él se colocó de camarero, pero, como ella iba todo el rato a buscarle y a entretenerle sin dejarle trabajar, le despidieron. Total, que les tuvimos en el piso de moscardones y mi marido no tuvo más remedio que alzar la voz. Dijo que eso de cobijarse con nosotros no era plan y se tuvieron que volver a Vicálvaro. Allí cayó ella otra vez con la bartola embarazada, pero que de ama de casa no se apañaba.

De primeras, como es zurda, no podía coser. Le dio el Bonifacio un pantalón para que se lo metiera y se puso a coserlo sin hilvanarlo. Claro, por un lado colgaba y por la otra pierna subía quedando toda la tela encogida. Me dijo mi yerno:

—¿Usted se piensa que este pantalón está bien cosido?

—Está estupendo. Está pero la mar de bien.

—¿Cómo voy a encontrar trabajo de camarero con este pantalón?

—Anda, tráeme las gafas para acá.

Y ya se lo hice yo. Le corté un poco porque, si remetes mucha tela, parece que tiene el bajo relleno de crema. La Puri, mientras, intentaba captar recetas de cocina de la tele.

Pagaban cuarenta mil pesetas de alquiler y aquel apartamento parecía un pantano. Estaba todo tan hueco que me dio lástima y les di el tresillo, la cama que me compré yo cuando pedí el préstamo unipersonal y el colchón de fuelles. Vinieron con un furgón y lo cargaron todo: o sea, ellos vigilaban a la nieta y yo arrastraba los muebles. Se llevaron el armario sifoné y la mesa del comedor. Bueno, la casa entera. La dije que eligiera y me cogió hasta las cortinas. Luego la Puri se compró una nevera con tres cajones que le costó trescientas mil pesetas. Gente inconsciente que tienen impedida la capacidad de flexionar las cosas. Se metieron pero bien hondo con la disculpa de que una vez metidos en gastos tenían que comprar cosas buenas. Tú me dirás: ella cayó enferma de la bronquitis y a él le salió un bulto en la espalda de pasarse tanto tiempo de pies. Asín que estaban entre Pinto y Valdemoro, pero, mira, con el suegro que era un borracho no querían quedarse, y en mi casa con el Javi, el Julián y el Román tampoco era plan. Hasta los ojos me dejó de deudas. Lo único que me quedó fue un armario de estos blancos que lo había comprado en Cascorro lo menos hacía veinte años. Se me había venido ya dos veces encima y cualquier día, a la tercera va la vencida, iba a amanecer debajo hecha una tortilla con dos patas asomando.

ALGUNOS MESES DE MIL NOVECIENTOS NOVENTA Y UNO Y NOVENTA Y DOS

Los dos yogures

La Nochevieja se llevaron a mi madre en ambulancia a las urgencias de la uve. Fue un día temeroso del Señor, de los que salen malos a conciencia. Como estábamos festejando no pudimos acompañarla, asín que en cuanto amaneció el 1 de enero me vestí para ir al hospital a rendirle las visitas. Estaban en casa conmigo mi marido y el Javi, pero no hacían ademán de desenfundarse el pijama.

—Venga, chicos, vamos a verla.

—No, déjalo, si conque vaya uno ya vale.

—Es por no dejar la casa sola, mama.

Quizás convenga aquí aclarar en qué había consistido el festejo de la noche anterior, para que nadie pueda llamarse a engaño y pensar que descuidé mis responsabilidades de hija. El Javi había desaparecido de casa a primera hora de la mañana y por la noche todavía no había vuelto. Salió de casa, no sin antes levantarle cinco mil pesetas a su padre de la cartera que guardaba en la mesilla, y con la intención de cobrar la mensualidad del paro. Pues ni rastro. Pasé la tarde buscándole por todas partes, hasta que a eso de las once y pico se me acerca una vecina de mi torre que es muy cochina y que siempre va más guarra que las arañas. Tiene unos ojos que parecen dos grillos cebolleros y una nariz del porte de un picaporte de puerta principal. Y los hijos... ¡qué feos son! Son todos más feos que una noche oscura.

—Cándida, no estarás buscando al Javi.

—Sí, sí.

—Pues por detrás de los colchones Pikolín le he visto yo tirado a mediodía.

Me dieron las doce campanadas en el ascensor camino del portal y, en lugar de doce uvas, me comí un sofocón de talla grande. Me recorrí el parque entero hasta Canillejas y me salió un señor al paso:

—Señora, por qué no se viene conmigo, echamos un ratito y le doy mil pesetas.

—Ande, váyase usted allá para adelante.

—Si yo voy a tardar muy poquito.

—Más vale que se la restriegue usted con el barro y verá cómo se le pasan las ganas.

—Oiga, si le doy mil pesetas, ¿eh?

—Guárdeselas para comer, que tiene usted cara de muerto de hambre.

—Señora, que no se lo digo en broma, que es plan.

—¿Ése es su plan?, pues tome nota del mío porque le va a interesar bastante. Me voy a acercar a la comisaría a darles aviso a los guardias.

—¡Ay, mujer! Perdone usted si la he molestado.

Y en esto que veo surgir al Javi de la nada arrastrando los pieses por el camino.

—Y más le vale salir pitando porque por ahí viene mi hijo y cómo le vea la pinta que trae se va a cagar usted en los pantalones.

Fíjate tú. Un tipo con más de setenta años y había que ver las ganas de correr que tenía todavía el tipo.

Llegué a casa y me encuentro el panorama de mi madre, con lo que pensé: «Que se la lleven y yo me quedo controlando al Javi, porque si no este chiquillo se me va de una superdosis.» Mi marido ya estaba acostado y no había tocado las uvas. Me comí su docena y la mía y me quedé sopa en el sofá. Al día siguiente, al salir hacia el hospital de visita, me topé con el individuo del parque sentado en un banco de la calle en compañía de su esposa.

A mi madre la vi medio levantada y disfrazada de pirata. Se quejaba de que le dolía mucho la cabeza y se colocaba el pañuelo apretado haciéndose un roete para calmarse. La acompañé bastante tiempo mientras le hacían el reconocimiento. No regía.

—Hija, vamos a comprar veinte kilos de carne y nos vamos a ir a Socuéllamos a casa de la Concha a pintar la fachada. En el cajón de la mesita tengo el contrato de la casa.

—Déjalo estar, mama.

—Que no, Cándida. Debajo de la almohada tengo quinientas pesetas. Cógelas y te subes media barra de pan y una pescadilla. Que te la den fresquita y te metan la cabeza aparte para hacer una sopa. ¡Ah!, y con lo que te sobre traes unas poquitas galletas.

—Bueno.

—¿Tienes mucho dinero metido en el banco?

—Estoy sin un chavo.

—No importa, en el bolsillo de mi bata tengo quinientas. Tráete unos tomatitos que estén maduros para hacer una sopa de ajo.

A media tarde regresé a casa, dejándola en compañía de la Esperanza, el Teodosio y una vecina. ¡Menudo panorama me encontré!: los dos gatos no habían saltado todavía de la cama. Le pregunté a mi marido que si habían comido algo y me salió diciendo que no.

—Pero, hombre, Román, ¿cómo vas a estar sin comer nada? Te voy a dar un vaso de leche.

—No, mejor tráeme dos yogures.

Conque le pedí que se tapase, que iba a coger frío, y al darse la media vuelta pegó el último respingo. Hizo «puf» y se quedó tentetieso. Llamamos al médico y ya nos confirmó que le había dado algo y falleció sin demora. Ya me lo sospechaba yo, porque el día anterior no se había querido comer las uvas. Estuvo en el sillón echado de piernas quejándose de que no podía doblar las rodillas y al rato se metió en la cama. Al menos murió guapísimo. No tenía ni rastro de sufrimiento. Parecía que estaba durmiendo. Le tuvimos en casa expuesto dos días y medio y ni se corrompió ni nada. Porque hay algunos muertos que explotan, pero mi marido quedó francamente curioso. Yo misma he visto varios fallecidos y puedo decir libremente que, como éste, ninguno.

La primera noche del velorio nos marchamos a acostar y se levantó el Javi al cuarto de baño. A lo pronto me despertó con unos chillidos:

—¡Uh, uh, uh!

Pensé que habría venido el Román a darle el último adiós a su padre, porque, de mañana, se personaron dos policías para constatar que el fallecimiento era cierto y concederle el permiso carcelario. Me levanté y el Javi estaba pegando unos alaridos que se sentían hasta en el cementerio. No era el Román. Estando cursando la orden del juzgado, le negaron la salida. Precisamente a él, que era el ojito derecho de mi marido, su Pochete. Una injusticia de tamaño familiar...

Los gritos fueron culpa del otro, del Julián, que tenía bromas de miedo. Se conoce que el Javi se levantó para ir al baño y su hermano, que estaba de pies en el pasillo a oscuras, le dio un abrazo. El Javi, que pensó que se trataba de su padre que se había incorporado del sepulcro, se volvió loco parcial.

Decidí entonces que me convenía vender el piso y buscar una casita en el campo con ovejas para que trabajaran éstos. Marcharme del barrio para no volver más. Comprendí que la muerte de mi Román me había dejado más traspuesta de lo esperado. Ciertamente el hombre me había dado muy mala vida, pero había sido un ser humano muy bueno. Me gustara o no, él había sido la única sombra que yo poseía en la tierra. Suerte que pudimos ofrecerle un entierro de primera regional. Le pusieron una caja fenomenal con una corona y un jarrón en dorado y le metimos en un nicho precioso, con dos coches y una misa. Lo único, que no pudimos amortajarle. Se fue con el calzoncillo blanco, la camiseta y una sábana por lo alto. Él tenía el traje de la boda de mi Mariano preparado para ese momento, que me lo comentó a mí:

—Esto para cuando me muera.

Y allí se quedó colgado en el armario junto al camisón largo hasta los pieses y el vestido mío negro que tengo reservados para cuando me entierren. Es que una vez que se mueren ya no se les puede mover y a mi marido se le puso un barrigón tan hinchado que parecía que estaba preñado de siete meses. Tenía el hígado, de tanta cirrosis, más grande que la propia caja y hubo que apretar para que cogiese.

* * *

El día siguiente lo pasé enteramente tirando píldoras al cubo de los desperdicios. Mi marido tenía los cajones de la mesita de la cama llenos. No me cabía duda de que ése había sido el verdadero motivo del fallecimiento. Le recetaban pastillas para dormirse, primero de ciento veinticinco y últimamente de cero cinco, y había días en que se ventilaba hasta una caja. Tuvo que morir de un atracón al estómago, porque, al final, tanto va el cántabro a la fuente que... ¡mira! Yo desde siempre me había convertido en una enemiga de las medicinas. Como se me inflaban las piernas por mala circulación, me mandaron vitaminas y no me las tomaba. Me recetaron que me tomara unas pastillas asín en rosa antes de comer y unas inyecciones y tampoco hice caso. En vista del éxito, me recomendaron una crema, pero como tengo las patas tan gordas, cada vez que me la untaba se me iba un bote entero y renuncié al gasto. Pero él no: tomaba lo menos diez cápsulas diarias de todos los colores, como las cuentas del rosario, y ya ves de qué le sirvieron. Todas las semanas bajaba yo a la farmacia a reponerle dos o tres cajas. A todas horas se metía una: verde, roja, azul... parecía que se tragaba el arco iris. Cuando murió tenía un cartón de cajas debajo de la almohada.

En la ventana principal tuve un tiempo el cartel de «se vende» y se interesó un policía.

—¿Cuánto está pidiendo?

—Doce millones.

Conque marchó a recapacitar con la esposa y regresó al día siguiente.

—Cándida, con el pelaje que hay en esta casa no le doy ni seis millones por su piso.

A ver quién se iba a querer meter allí con todas las plantas llenas de drogadictos. Un barrio en el que morían como hormigas. En el parque cada día aparecía uno muerto. Encontraban a los chicos hechos un nudillo con la jeringuilla conectada en la doble dosis. Asín era San Blas. Ahora ya no habrá tantos drogadictos porque la mitad se habrán muerto y la otra mitad estará repartida entre las cárceles y las granjas. A mi vecina se le murieron tres por la droga. A otra señora que vivía por detrás de mi torre se le murieron dos, a otra otros dos y en mi misma casa había una que perdió otros dos hijos. Se morían de par en par.

* * *

Finalmente se llevaron detenido al Javi. Yo me había acercado a la Dirección General de la Policía a contarles que el chico no estaba bien y que quedaban dos días para que me lo admitieran en una granja escuela de recuperación. Me lo encontraba con la jeringuilla puesta y se me caía el alma a los pieses. Me robaba la paga, le quitaba dinero al padre... Fui a pedir auxilio a los representantes de la ley y el del mostrador me paró en seco las ilusiones:

—Señora, a nosotros no nos cuente rollos. Eso se lo cuenta usted al presidente del Gobierno, que es el que ha permitido la droga en España.

Mira, me dio tal ataque de nervios que me tuvieron que llevar en ambulancia al sanatorio de Cascorro. Para cuando regresé a casa ya no había rastro de mi hijo. Contó luego que se había colado en el metro sin billete, pero muy largo tendría que haber sido el trayecto para que le cayeran cuatro años. Vinieron a buscarle dos policías por la mañana y les atendió el Julián:

—No se encuentra, ha ido a trabajar.

Cuando se levantó el Javi, sin embargo, pensó en solucionar el entuerto.

—Me voy a acercar a la comisaría a ver qué es lo que quieren.

A mediodía, como no regresaba, ya me informó el hermano:

—Eso es que se lo han llevado, madre.

Yo estaba ignorante de las culpabilidades. Como llevaba un mes sin teléfono... Estuvo de visita mi hija un fin de semana e hizo veinte llamadas. Llegó la cuenta y aquello no había quien pudiera pagarlo. Me lo cortaron. La pedí que me pagara al menos la mitad porque yo nesecitaba el aparato y me salió diciendo que le quedaban sólo cinco mil pesetas para terminar el mes y que tenía hijos que mantener.

—Pues, al lugar de llamar veinte veces, Puri, no llames por teléfono. Si no lo puedes pagar no llames, que por tres duros llamas desde la calle.

Me fui para la comisaría y me impidieron el acceso.

—Al menos podré meterle un paquete de tabaco.

—Aquí no se puede fumar, señora.

—Pues yo le veo a usted fumando.

—Yo hago lo que me da la gana.

Me indicaron que me personase en la plaza de Castilla. Allí, en la puerta de los juzgados, encontré a una gitana que se sabía dónde estaban todos los presos y soltaba información a cambio de una propina.

—Aquí en esta ventana está su hijo.

El ventanuco me pillaba demasiado alto y demasiado oscuro para poder divisar el interior y opté por gritar su nombre.

—¡Javi, Javi!

—¿Qué, mama?

—¿Qué pasa?

—Vete a la segunda planta.

Subí a la segunda, a la sala veintidós. Estuve hablando y me contaron que si pagaba tres mil pesetas todos los meses, hasta treinta mil, el chico salía absuelto. Me mandaron a la séptima, sesión cuarta, y me confirmaron que iba a la cárcel porque lo reclamaban las Salesas.

—¿Por qué?

—Por busca y captura. Solamente tiene que darnos cincuenta mil pesetas, cinco mil cada mes y le echamos a la calle.

O sea, que tres mil en una planta y cinco mil en la otra. Cuantos más pisos subías, más caro resultaba el rescate. Le buscaban por robar un coche. Decían que en el 88 se habían metido el Román y él en un coche roto o no sé qué. Tenían los dos la búsqueda y captura. Me preguntó un policía:

—¿Cómo es que no se presenta el Román?

—El Román lleva dos años largos en la cárcel.

—¡Ah!, pues no sabíamos nada.

—Pues si no lo sabían ustedes ya me contará, porque me parece a mí que el chico no ingresó voluntario.

Resulta que el Javi había atracado con otro un supermercado y se habían hecho con las dieciséis mil pesetas de la caja. Aunque el acompañante había robado ya tres veces en el mismo sitio, sin embargo le cayó toda la condena a mi hijo. La jueza le colocó al Javi los tres atracos porque tenía antecedentes y el otro, que se había hartado de desplumar bancos y de todo, no duró más de diez días en la cárcel. Y eso que le trincaron con una navaja y dos billetes falsos de mil pesetas. Pues nada. Una injusticia. Y claro, de tanto disgusto, se le puso al Javi como una bola en la cabeza y se quedó malamente. Ya se le comunicó totalmente la cabeza. Es que, desde el ochenta y uno pinchándose, son muchos años...

Poquito a poco iban saliendo los juicios. También en el barrio de El Carmen habían roto entre cuatro el escaparate de un comercio. A dos los dejaron libres y empapelaron a mi Javi y a otro que ya ha muerto de las palizas que le dieron. Quedó lleno de quistes de tanto golpearle con toallas mojadas en la cabeza. Estuvo en el hospital mucho tiempo y, en vísperas de morirse, se lo dieron a la madre. Ya me iba yo informando de historias que desconocía y, a partir de ahí, comenzaron las desgracias sucesivas. Primeramente el Javi se tragó un reloj y le destinaron a la enfermería.

—Javi, hijo, ¿por qué has hecho eso?

—Porque me quiero morirme.

—Hijo, pero aunque tú quieras morirte, comprenderás que ésas no son maneras. A ver: ¿dónde lo tienes?

Se señaló en la tripa con el dedo.

—Aquí, mama.

Le mantuvieron a dieta rígida de verduras hasta que lo expulsó. Completamente mohoso. Para tirarlo. Una pena muy grande.

Dos días después prendió fuego al colchón y se quemó la pierna. Deseguida le curaron y fue tirando hasta que el 4 de febrero, cuando llegué a casa, me dio la Puri la buena nueva:

—El Javi está achicharrado. Se ha quemado completamente.

Nada más verle perdí el conocimiento. Me dijo el médico:

—Por dentro esta completamente deshecho. Durará un año, durará dos, pero este chico no durará mucho tiempo. Asín que trátelo lo mejor que sepa.

Es que las personas cuando se tuestan se hinchan igual que la tarta de bizcocho. Parecía una momia, con toda la cara y el cuerpo enrollado en vendas. ¿Tú has visto la película esa de los marcianos?, pues se le han quedado las orejas de pico asín para arriba. Igual que si se las hubieran repasado con un sacapuntas.

—Cuando salga voy a hacer una película de Frankestein.

—De Frankestein no, pero del marciano sí que podrías hacerla sin necesidad de mascarilla.

Le tenían en un calabozo que más se parecía a una cuadra que a una celda. Sin lavabo y sin váter, con un contenedor de ropa sucia y un cubo de basura. Todo guarrísimo. Guarro guarro, lo que se dice guarro. Un ventanuco que había que descubrirlo con lupa de inspector y en el centro de la estancia el catre donde yacía mi hijo boca arriba, sujeto por la cintura y las piernas con correas. Además, apuntado con un aparato de esos que te ven lo que haces pero tú no ves nada.

—Miren ustedes, este trato no se le debería dar ni a un perro —les dije a los funcionarios—, y ya que lo hacen, por lo menos denle de comer.

—Es que nos da miedo, señora.

—¿Qué les puede hacer un hombre atado? El cuarto está precintado, el pelo lo tiene cosido de mierda, suelta un olor a sudor que vuelca y no le lavan, ¿por qué no le dejan suelto?

—No le soltamos porque se ha comportado muy malvadamente.

—¿Sí? Dígame lo que ha hecho.

—No se lo digo, señora; que se lo cuente él.

—Hombre, díganme lo que ha pasado con mi hijo, que esto no es un concurso.

Se había meado, fíjate tú qué pecado más grande. Triple pecado mortal. Atado al camastro por las rodillas, por las manos y la cintura, sin asistencia, y todavía les extrañaba que se orinase. Peor que en la película *El expreso y medias noches.* Salté como un muelle y me personé delante de la jueza.

—No tiene que insistirme, señora, que salgo zumbando a hacerme cargo.

De que se enteraron que llegaba la autoridad, a él le pelaron y a la buhardilla le quitaron toda la suciedad.

—Ahora, ¿cómo le ve usted, Cándida?

—Esto es otra cosa: huele a limpieza de limón y se puede respirar, pero antes olía a cuadra.

Sin letras

En abril murió mi madre. El Teodosio, que padecía de gota en las rodillas y tenía que ponerse corriente en las piernas, se cansó de atenderla y cuando cobró la paga cogió un taxi y me la dejó en la puerta de casa. Me dio aviso por el telefonillo de que no podía aguantarla más.

—Tú tienes más tiempo que yo, mama.

La ingresé ya sin remedio. ¡Qué pena más grande! El día 7 murió mi suegra y el 10 me quedé sin madre. La una con noventa y nueve y la otra con noventa. Sufrió muchísimo. Tenía un tumor en el ano que pesaba medio kilo y los riñones no la riñonaban. Dijeron los médicos:

—Mira usted, aunque la operemos de una cosa, tiene dos que no.

Llamé a mis hermanos y les dije que vinieran porque la abuela estaba muy mal.

—Siempre estás diciendo lo mismo y nunca se muere.

Terminaron de venir y no les dio tiempo de quitarse la chaqueta cuando sonó el teléfono.

—La abuela acaba de espiar.

Asín que mira: ya dejó la pobre de sufrir. No dijo nada importante de últimas voluntades. Sólo le pidió al médico que le subiera dos barras de pan y una latita de atún para hacer empanadillas. En el seguro me dieron seis mil pesetas para el luto.

—Con esto ni para una merienda. ¿Tantos años pagando para esto?

—Es lo que hay. Si quiere lo toma y si no lo deja.

—Ande, traiga usted para acá.

Mi madre dejó puesto en el testamento que la enterráramos en Andalucía y en su contrato de póliza venía que, en caso de perecer fuera de su tierra, el seguro le cubría el traslado. Lo pedimos y nos dijeron en la compañía que haberlo avisado antes, que, si cuando se muere se solicita el traslado, es gratis, pero que, una vez que ya está en la caja, hay que apoquinar cincuenta mil pesetas. Y ya dijeron mis hermanos:

—Afrontemos la situación. ¡Qué le vamos a hacer!: que la entierren en Madrid.

La enterramos en la misma acera que mi marido pero en la parte trasera. Como se llevaban tan asín en vida, pues solucionado: el uno a la derecha y la otra a la izquierda. A mi marido le había dicho:

—Cuando te mueras te voy a plantar en la tumba una parra.

Pero como le metieron en la pared no pude ponerle nada. Le pusimos «Recuerdo de tu madre, de tu mujer y de los hijos» y una cruz. Entre el Mariano, la Nati y el Teodosio le pagaron las letras. Diez mil pesetas cada uno, treinta mil. Muy caro. Por eso a mi madre no le pusimos nada. No tiene letras. Quedábamos tres hermanos y como ninguno dijo nada, pues yo tampoco, porque francamente servidora era la que tenía menos posibles. La tumba de mi madre no tiene ni nombre, ni cruz. Nada más que la piedra de mármol. Asín es.

* * *

Ya sin los compromisos del Román y de mi madre empecé a compartir más tiempo con las vecinas. La de arriba me hizo un regalo, la de abajo me denunció a la policía y la de enfrente se me metía a comer de gorra un día sí y el otro también. Al Julián le daba una rabia tremenda cada vez que la veía presentarse. Era ponerse a sonar el pito de la olla y escuchar el timbre. Por la mañana, cuando bajaba a la compra, me asaltaba en el pasillo:

—¿Qué vas a traer?

—Un kilo de carne picada.

—Pues tráete dos y ya echaremos cuentas.

Allí yo era la única que echaba cuentas, que consistía en calcular si se presentaría a comer a las dos y media o a las tres. Naturalmente, aparecía con todo ya guisado y, asín, unas veces se sentaba con nosotros y otras se llevaba una porción metida en un táper. La cajera de mi tienda no podía creérselo cuando se lo comentaba:

—Tiene mucha cara mi vecina, ¿no?

—Me parece que sí, que se pasa un poquito. De todos modos, ella le dará a usted algo de dinero, ¿verdad?

—¿Dinero? Ésa no da ni un soplo en un ojo.

A la señora del tercero le fueron los pintores. Se había tirado tres años arañando del jornal del marido para hacer unos ahorros y finalmente puso las puertas nuevas y compró una butaca tresillo. Escuchó un aviso en la radio y por doscientas cincuenta mil pesetas, en la carretera de Andalucía, le amueblaron toda la casa. Había que ver cómo eran los muebles; de esos que duran un día no más. A mí me vino bien porque me regaló el salón antiguo: un mueble bar nuevecito y flamante, con hueco en medio para colocar la televisión, una vitrina de cristal plástico y, arriba, una librería con puertas corredizas llena de departamentos para las bebidas. Era de lujo asiático: cien por cien madera de formica.

La de abajo es la que me puso la denuncia porque le salió una gotera en el techo. Llamó al fontanero, que subió a mi piso y se quedó perplejo observando a mi Julián:

—¡Ay!, pobrecito chico, está tonto perdido.

—¿Tonto? Métale el dedo en la boca a ver si es tonto. Él sabe lo que hace: le metes el dedo en la boca y tira un bocado. De tonto no tiene un pelo.

—Bueno, mujer, lléneme usted la bañera.

Volvió para abajo y vuelta para arriba:

—Ahora me llena usted el bidé.

Luego, otra vez, que soltase el agua del lavabo. Venga de escaleras arriba y abajo. Que soltase el bidé, que soltase la bañera... Conque ya sube el hombre sudoroso y le pregunto:

—Bueno, ¿dónde están las goteras?

—Nada, nada. No quiero saber nada. Adiós.

Y me dejó con la palabra en la boca.

—¡Pero bueno!

No era de extrañar, porque la tipa de abajo estaba medio chiflada. Había sido una pastora que se tiró media vida cuidando ovejas y, de pronto, emigró a Madrid y se metió en el piso con unas actitudes que parecía que estabas tratando con la mismísima reina de Villaverde Alto. La madre que la parió. Ésa ya me había denunciado anteriormente a la policía diciendo que yo me pasaba toda la noche haciendo ruido con la máquina de traladrar paredes (¡qué más quisiera yo que tener una máquina de traladrar!), y era al revés. Tenía un marido falangista que no dejaba pegar ojo al vecindario porque ponía en el tocadiscos la canción del *Cara al sol* a todo volumen y él cantaba por encima a grito pelado. Se tiraba el tipo de concierto hasta las cuatro de la madrugada y no había manera. Pues fuimos a la comisaría y me preguntó el inspector:

—¿Está usted de obras?

—No, señor, y tampoco tengo máquina de hacer traladros. El que hace ruido es este señor que me tiene del cara al sol con la camisa nueva hasta la sopa. Y yo no estoy cara al sol, yo estoy en mi casa a la sombra y no hay derecho.

Conque ya los policías vieron que tenía yo razón y me preguntaron si perdonaba al hombre.

—Le perdono si me quita la canción. Si no, no le perdono.

Una historia tremenda. Pues no escarmentaron, y con lo del fontanero vino otra vez la mujer hecha un asterisco y amenazando con que me iban a meter en la cárcel si no reparaba la fuga de agua. Fue llegar de trabajar y ella venga a aporrear el timbre.

—Oiga usted, espérese a lo menos a que me desnude, que no voy a salir en combinación.

—Es que mire cómo tengo esto de goteras y se me casa una hija el mes que viene.

—Bueno, ¿y qué? ¿Acaso van a celebrar la boda en el cuarto de baño?

Pasó y estuvo rebuscando por la cocina y por el retrete.

—Pues yo tengo el techo perdido y la gotera tiene que estar en su casa.

—Pues mire cómo tengo yo el techo del servicio, que tengo que entrar con paraguas y no he ido a dar parte a nadie.

Al final resultó ser el bote sinfónico. Me indicó el fontanero que tenía que cambiar todas las cañerías y poner unas nuevas de acero inoxidable. De todo punto imposible.

—Mire, vecina, de momento lo más que puedo hacer es dejarle un impermeable.

Se lo tomó asín asín, pero como a los dos días su marido le voló una oreja, no tuvo mucho más tiempo para dedicarle a la fuga del baño. Estábamos todas las vecinas en corrillo hablando de nuestras cosas y se asomó el marido a la ventana con la escopeta de perdigones. Nos dio tiempo a pegar un respingo y sonó el disparo. Le pasó a la mujer refilando la oreja y le arrancó una esquina. En la casa fue el hijo a interponerse y el padre le atravesó el cuerpo de otro disparo. Tuvieron que ingresarle en el hospital al pobre chico y el de la cara al sol se pasó un año entre rejas.

Paseos varios

Un sábado, al servirme un poquito de agua fría para desayunar, eché en falta al Julián. Tocaron el timbre y pensé «aquí está», pero era mi cuñado que venía a visitarme:

—Vente a vivir conmigo, Cándida, y te pongo la casa a tu nombre.

Una casa raquítica que no cabías ni por afuera. Con todas las baldosas rotas y las camas con más mierda que el palo de un gallinero. Otro borracho igual que mi marido que se gastaba menos que un ciego en novelas. Ni compraba jabón ni compraba lejía y se presentaba siempre a pedir favores.

—Cándida, vengo de visita.

—¿Y eso?

—Es que tengo una chaqueta a la que le faltan dos botones y quiero que me los pegues.

—Bueno, trae a ver.

—¿Por qué no me haces un gazpacho?

Pasé una semana angustiada sin noticias del chico hasta que el viernes, a las doce de la noche, sonó el telefonillo del portal. Estaba cosiendo a máquina y sentí tocar venga y venga y venga.

Se presentó con unas barbas como las del Señor y todos los pies llenos de sangre. Me entró una que mejor no te cuento. Dijo que había estado en Almería. El día 29 se metió en el hospital y el día 30 le dieron de alta. Le acogieron por recursos económicos, por no tener donde dormir y por haberse proporcionado un golpe muy mal dado. Desde el hospital le pagaron el billete de tren y le mandaron para Madrid. Traía un papel que lo explicaba bien claro:

«Paciente de treinta y dos años que fue ingresado en la unidad de agudos debido a un trastorno delirante con matices autorreferenciales y con un fondo de angustia y miedo a hacerse daño. De cualquier manera el enfermo plantea más un problema social de falta de recursos para comer y dormir, pues procede de Madrid, de donde es su familia y donde recibe tratamiento psiquiátrico. Desde el punto de vista médico puede salir de alta y lo más conveniente sería su traslado a Madrid, situación con la que él está de acuerdo.

Diagnóstico: esquizofrenia paranoide. Tratamiento: Modecate 1 Amp. Haloperidol gotas 15, 15-20. Firmado: el coordinador de la unidad. Servicio Andaluz de Salud. Junta de Andalucía. Hospital Regional de Málaga.»

Mil setecientas me costó afeitarlo. Estuve correteando todas las barberías y en ninguna querían admitirlo:

—Voy a cerrar ya, señora.

—Vamos a cerrar.

—Estamos a punto de cerrar.

—Pero bueno, ¡si son las doce del mediodía!

Múltiples intentos, hasta que di con uno que llevaba unas gafas de aumento que parecían la trasera de una botella de sidra.

—Vale, pero tiene que esperar, que todavía me quedan dos clientes por delante.

—Usted pélelo bien, que yo le pago.

Cuando volví a recogerlo, el barbero se subía por las paredes:

—¡Me cago en todos sus muertos más frescos!

—Haga usted el favor...

—¿Sabe usted el trabajo que me ha llevado la criatura? Éste necesita una maquinilla de esas de afeitar a los borricos.

—Pues la próxima vez le mete una cerilla y termina antes. ¿Dónde está mi hijo?

—Dice que la espera en el bar.

Le había dado dos mil pesetas, le sobraron trescientas y se las gastó en un cubalibre. No pensaba, y encima tenía a la gente de la cafetería atemorizada porque se les quedaba mirando muy fijo.

Llegué a casa y me saludó la vecina:

—¡Ay que ver qué guapo está el Julián y qué color de cara tan amarilla tiene!

Lo normal, el chico no paraba de fumar y luego, aparte, no te puedes hacer una idea de lo que comía. No cabía en la nevera lo que tragaba. Me estaba buscando la ruina. No se comía la propia nevera porque no le cabía en el estómago. Compré casi medio kilo de queso de bola en el Parque de las Avenidas, medio kilo de ensaladilla de arroz, medio kilo de sopa congelada de gambas, un cucurucho de chirlas y medio kilo de judías verdes. Todo se lo tragó sin descongelar. Se comió el queso, el beicon que tenía y se hizo un bocadillo de chorizo. Una cosa mala. Venía con hambre de cuatro semanas. No tenía que haberle admitido ya en casa, hecho un vagabundo como se presentó, pero...

Se pasaba los días acostado en la cama, sin lavarse ni nada. Yo le quería internar en el hospital, pero me explicaron que con veintiún años cumplidos no podía obligarle. Me dijeron:

—Si eso, haga usted el favor y le mandamos la ambulancia.

Pero el Julián no daba su bazo a torcer:

—¿Irme yo? Que te lleven a ti.

Vino el del gas a leer el contador y salió él en pelotas. El hombre se asustó y pidió auxilio a la vecina, que se quedaba con una copia de mi llave cuando yo me ausentaba. La mujer hizo de tripas corazón, padre y muy señor mío, y se le enfrentó:

—Tápate, hombre, ponte algo, que aunque yo sea vecina también soy mujer.

Pasó y se puso un pijama ancho de rayas que parecía una campana y le dejaba las tetas al aire. Según la vecina parecía una momia, con las uñas largas como cazos de repartir la comida. Yo regresé de limpiar con cuarenta de fiebre y, ajena a los acontecimientos, me acosté directamente.

—¡Qué olor a sudor hay aquí!

Me di la vuelta y me lo encuentré acostado en mi cama.

—¡La madre que te parió! ¡Vete de aquí y lávate aunque sea con aguafuerte! ¡Será posible! ¡Anda y lárgate de mi vista!

—Si no huelo mal. —Se me quedó mirando y se pasó la nariz por el sobaco. Saltaban las liandres—. Bueno, primero como algo y luego me paso la esponja.

Madre mía de mi alma, estaba peor que una manzana; no había quien pudiera con él.

—¿No has comido nada?

—No.

El día anterior me habían dado en la casa de Zurbano dos latas de escabeche y tres huevos y esa misma mañana, antes de salir, le había indicado que se cociera los huevos y con el atún se preparase una ensaladita.

—Voy a la cocina a comprobarlo.

Abrí la nevera y comprobé el parte de bajas. Faltaban los tres huevos, las dos latitas de bonito, un plátano, una raja de melón, un litro de leche, dos quesitos...

—¿Y qué significará comer para ti? ¿Todavía te parece poco? Pues anda a por un saco de paja y te echas pienso.

* * *

Al Román le dieron permiso de tres días para asistir a la primera comunión del hijo del Mariano.

—Mira, mama, qué piernas tengo. Reboso salud.

—Sí hijo, pero las piernas no son el espejo del alma.

Con unas ojeras que había que ir detrás de él recogiéndoselas con la fregona. Es que en la cárcel tiene que haber droga a barullo. Bueno, una vez que fui a visitarle a León iba una chica a mi lado a ver al novio y en el paño íntimo, que estaba con la mensualidad, llevaba la droga puesta. La pillaron y no la dejaron entrar. Eso es lo que pasa. Si no, dime tú a mí de qué me pide que le envíe tanta ropa; o la vende o se la come, porque no le da tiempo a gastarla.

—Mándame un chándal.

—Pero si te acabo de mandar uno.

—¿Qué más te da, si no vale nada?

Cuando se presentó tuve que pedir una semana de sueldo adelantada. Le compré zapatos de suela de goma, una camisa, dos pares de calzoncillos, dos pares de calcetines, dos niqueis de manga corta y un cartón de tabaco. Luego se presentó en el Jarama, donde fue el convite, en un taxi, porque mis hijos son muy señoritos y no pueden utilizar el transporte colectivo. Dos mil pesetas. Asín que estáte quieto: me dejaba en las últimas cada vez que salía. Las consecuencias de sus salidas las pagaba yo: la tonta que se quedaba en casa. Gastaban ellos, que yo no invertía en mí ni un duro. Me dijo el Mariano durante la ceremonia:

—¡Hay que ver, mama, qué guapa estás, a la par que elegante y sencilla!

—¿Sí? Pues llevo el mismo traje que me regalaste tú para que madrineara en tu boda.

Si es que yo no me he comprado un trapo para mí en la vida. Lo que me daban en las casas o conseguía pidiendo en los conventos han sido mis grandes almacenes.

* * *

De mañana, fue salir por el portal y recibir un balonazo en la cara. Vi mi vida en diapositivas. Había unos chiquillos jugando al fútbol y me rompieron las gafas. Se salvaron los cristales, pero la montura quedó en tres trozos. En la óptica me valoraron los daños en nueve mil quinientas.

—¿Las deja a arreglar?

—No las dejo.

Llegué a la casa del Parque de las Avenidas y me recibió la señora.

—¿Cómo vamos?

—Muy bien.

—¿Y desde cuándo desayuna usted remolacha en las tostadas?

—¡Ay, perdone! Es que me han roto las gafas y creí que era la mermelada de fresa.

—Espérese, que me han mandado a mí unas de más aumento del que necesito y se las voy a pasar.

Me las puse y me entraron unos dolores de cabeza grandísimos. Me ponía a enhebrar la aguja y veía doble. Divisaba tres ojales en uno y no sabía por dónde meter el hilo. Me lloraba la vista muchísimo. Ver, se veía bien, porque eran buenas, pero salían tres personas en una. En el metro me fui escaleras para abajo, porque apoyaba la pierna en un escalón y bajaba siete de golpe. Regresé a la óptica y se enfadaron conmigo:

—Señora, estas gafas tienen más aumento que usted. Se va a quedar ciega, porque los cristales tienen más potencia que su vista.

Parecía un astronauta con un cacho de cristal grande grande. Por eso me costó trabajo reconocer a mi nieto. Pasó corriendo acalorado con una bolsa de plástico en las manos y, al rato, cruzó en dirección contraria, ya montado en un coche y con un policía a cada lado. Acababan de dejarle en libertad y no duró ni una semana. Atracó la Caja de Ahorros con una pistola y se llevó cuatro millones. Una pena, porque era buen chico, pero, como la madre no hacía más que quejarse de que tenía muchas deudas y nesecitaba dinero, se veía presionado por las circunstancias.

La Nati montó un emporio. Vivía mejor que Juan Carlos de Borbón. Compró un piso en Alicante y conservaba la parcela de Guardalajara, valorada en cuarenta millones y con árboles frutales, piscina y dos olivares de cincuenta mil pesetas. Tuvo mucha suerte con el segundo marido, el mensajero fotógrafo, y puso una tienda de los veinte duros. A su hija, que era muy guapa, muy espigada y muy sana, con una sanidad grandísima, le abrió un local donde daba desfiles de modelos. Yo no sé de dónde sacaría dinero para tanto, porque si lo hubiera sabido me habría tirado ya tras de ella en busca de la fórmula. ¡Qué más quisiera yo! Pero mi presupuesto no llegaba ni para unas gafas con cristales bicéfalos... Una lástima.

Me marché pidiendo disculpas al doctor de la óptica, el opnitorrinco, por no poder seguir sus consejos, y volví a casa con la intención de sentarme frente a la ventana y ver algún concurso en la tele. Nada más salir del ascensor sentí el teléfono. Corre que te corre y no encontraba el llavín. Pensé que irían a colgar, pero conseguí entrar y agarré el auricular con el corazón en la garganta.

—¿Doña Cándida Villar?

—Y Vera por mi madre.

—¿Ya tiene usted teléfono?

—Sí, ya lo he dado de alta, dígame.

—Le llamo para informarle de que su hijo Julián se encuentra en la comisaría de San Blas.

—Pero ¿qué ha hecho?

—Por busca y captura.

Me meé encima.

—Dígame qué es lo que ha hecho.

Se empezaron a reír.

—Abuela, que es una broma.

Era mi nieta. Mira, me entró un susto que tuve que agarrarme a la lámpara para no perder el equilibrio. Colgué, me di la vuelta y me lo encontré de frente, en pelotas, mirándome fijamente. Creí que me moría. Corrí a mi habitación y me cerré con tres vueltas de llave.

En la parada del 2 en la plaza de España me salió un novio que no me dejó respirar hasta San Blas.

—Señora, ¿qué la pasa, que la vengo observando y la veo triste?

—Que se ha muerto mi marido.

—¿No le importaría tener un amiguito? Es que vengo del pueblo y estoy buscando.

—Ponga usted un anuncio en el *Segundamano*.

—¿Tiene casa?

—Y bien grande que es, pero nesecita reparaciones.

—Yo me ofrezco a ponerle las baldosas que hagan falta y luego, si vende usted el piso, nos vamos a vivir juntos.

—¿También está viudo?

—No, pero a mi mujer hace ocho años que no la toco.

O sea, que el tío guarro quería coles.

—Pues si quiere usted coles, que le den coliflores, que encima de mí ya no se monta ningún tío. Uno y no más, Santo Tomás.

—Perdone si la he ofendido.

—Mucho.

Bajamos en la parada de mi casa e insistió en convidarme a merendar. Se apuntó la Blasa y nos sentamos a pedir un bocadillo de calamares. Cuando llegó la cuenta empezó a excusarse con que si era pensionista, que si sólo ganaba seis mil pesetas... El caso es que le entregó el recibo el camarero y él lo rechazó de plano:

—No me interesa.

Pagamos cada una lo nuestro y, entre las dos, lo de él.

—Siento mucho que no haya sido posible lo nuestro, señora, porque es usted muy sencilla y me gustaba mucho.

Muy pesado el hombre. Parecía que no había comido nunca. Nos acompañó hasta la casa y, en el portal, ya se largó con viento fresco. Me despedí de la Blasa y toqué el timbre de mi puerta, pues había dejado al Julián al cargo del piso con la llave. Allí no respondía ni el chupacabras. Todo cerrado. Las diez de la noche y que no abría nadie la cancela.

—¿Será posible? ¿Y qué hago yo ahora?

Conque llamé a mi nieta.

—¿Qué te pasa, abuela?

—Mira, que no puedo pasar a casa. Tu tío se ha ido a cobrar y no viene.

Vino mi nieta a socorrerme. Trepó lo mismo que su tío había hecho la otra vez por la pared del edificio y se metió por la ventana del baño. No tuvo nada más que correrla, porque, sabiendo lo que podía pasar, yo ya la dejaba sin echar el cierre. Pasó adentro y estaba mi llave en la cerradura colgada de la puerta y el chico desaparecido. Yo ya no podía más con él. Con treinta y pico de años, que hiciese lo que quisiera. No podía obligarle a estar en casa ni me quedaba energía para salir a buscarle.

—Él lleva su carné y lleva de todo. Si aquí no quiere estar, que se busque la vida.

Me traía por la calle de la amargura. Me lloraba para que le comprase tabaco. Al final le daba mil pesetas para que se bajase a por una cajetilla y compraba Winston. Dime tú si no hay marcas más económicas. Pues no, el señor tenía que fumar como el presidente.

—¿Dónde están las vueltas?

—Me han sobrado seiscientas, pero son para mí para mañana.

—Mira que no tengo dinero, que esas monedas nos hacen falta para comer.

—Bueno, pero esto es para mí.

Al otro día le pasé otras mil pesetas, se bajó al bar y se compró un cubata y un Winston.

—Me han sobrado trescientas pesetas, pero me las quedo para tomarme luego un limón.

—¡Pero bueno!...

No se puede de con él. Otro día se vino conmigo a ver al Javi quemado a la cárcel, que lo registran todo. Llegamos y le pidieron que se sacara todo de los bolsillos. Se los vació y adivina lo que llevaba el tonto encima: una bola de chocolate del tamaño de un Chupa-chups. Lo colocó tan tranquilo en lo alto de la mesa, ante la mirada atónita de los funcionarios:

—¿Esto para qué es?

—Esto es para fumarme un porrito.

Yo no daba crédito:

—¡La madre que te parió! ¡Sabiendo que vienes aquí!

—¿Qué, lo traes para tu hermano, no? —le preguntaron.

—No, no. Es para mí.

—¡Ah! Y si es para ti, ¿por qué no te lo has dejado en casa?

Asín que ya salieron con que había que enseñárselo al juez. Yo venga a llorar explicando que el chico estaba mal de la cabeza y me dice el policía:

—Señora, este chico está mejor que usted y que yo.

Le hicieron un papel y le negaron el permiso de entrada.

—Ya no puedes venir más por aquí y, si vienes, pasas allá enfrente. ¿Entendido?

—Bueno.

Lo que me faltaba. Ya las demás veces iba yo, otra vez sola, y me salían los porteros muy chulitos.

—Mucho cuidadito con lo que llevamos, ¿eh?, señora. A ver qué hacemos.

—Hacer, hagamos muchas cosas, pero de lo que se está usted imaginando nada. Yo tomo café y pisicola, pero no fumo porro ninguno.

—Vale, vale. Yo se lo digo.

—Tranquilo, que a mí siempre me puede mirar a la cara, no tiene que buscar en ninguna otra parte.

—Sí, sí, pero sus hijitos...

El tipo me estaba indignando.

—Mis hijos son mis hijos y yo tengo mi propio anonimato, asín que no me venga a mí con cuentos de mis hijos.

—Ya. No traerá usted ningún caramelito, ¿no?

—Ni caramelos, ni bombones. No llevo más que las llaves.

Era una cosa mala. Era una cosa por demás. Mi Pochete se lamentaba:

—Mama, ¿qué nesecidad tienes tú de que te digan esas cosas?

—Eso es el tonto de tu hermano, que es subnormal profundo.

* * *

Al otro día, con el Julián desaparecido, me llamó la Puri; que era su cumpleaños y que me acercara a comer un poco de tarta. Me costó quinientas pesetas el taxi y no dudé en hacérselo saber.

—A lo menos me abonáis el trayecto.

Ni ademán de rascarse el bolsillo hizo desiquiera. Con lo que me costó ganarme ese dinero... Me acababa de pedir la vecina de al lado que la hiciese su parte del pasillo, su chorro de escaleras y la entrada, porque ella tenía que salir a atender en una casa. Fíjate tú la gracia de mi vecina, que ejercía de asistenta de puertas afuera y en la torre de San Blas ella era mi señorita. Me dio las quinientas justas que se pagan por hacer la plaza ésa y se me fue toda la ganancia en el viaje a casa de la Puri. Insistí:

—Bonifacio, dame lo del taxi.

Si no sabía silbar, aprendió en aquel instante.

—Díselo a tu hija.

Y la Puri lo mismo, como si aquello fuese un campeonato de pin-pon.

—Díselo al Bonifacio.

Total, que ni el uno ni la otra. Sólo estaban preocupados de recibir.

—¿A que no me has traído aceite, mama?

—Hombre que sí, que te he traído el colomato entero.

Les había llevado un paquete de miedo. Un kilo de macarrones, un kilo de fideos, uno de azúcar, dos de arroz, uno de garbanzos, una caja de galletas de dos kilos y una botella de aceite de dos litros. Todo eso les llevé y ellos no me pagaron el taxi.

—Menos mal que has traído el aceite, mama, porque no tengo ni gota.

De noche, en el portal, me estaba esperando el compañero del Javi, el que llevaba dos mil pesetas falsas en el atraco.

—Señora, ya me he enterado de lo de su hijo. ¡Qué lástima! Pobrecito, con lo que yo le quería. De veras que le apreciaba mucho.

—¡La madre que te parió!

—¡Cuánto lo siento, señora! Yo hice los tres atracos, lo que pasa es que a mí no me han reconocido y a su hijo sí que le han reconocido.

—O sea, que tú haces los tres atracos y se los achacan a mi hijo. Tú llevabas las navajas y las dos mil pesetas falsas y las culpas se las han colocado a mi hijo. Muy bonito. Del norte.

Porque además era verdad, que tú mirabas en los archivos y le salía al Javi lo de las dos mil falsas. Si llego a tener un magnetófono, le grabo y se lo llevo a la jueza para que me lo saque a la calle. Había que ver al muchacho aquél: tenía más cara que espalda.

—¿Tiene usted dos mil pesetas?

—¿Para qué?

—Porque acabo de salir de la cárcel y estoy con el mono. Démelas y yo le prometo que mañana a primera hora me acerco al juzgado de guardia a decirles cómo ha sido la verdad.

Intuí un haz de luz al final del túnel, aunque bastante tenue.

—Bueno, pues mañana, cuando salgamos del juzgado de guardia, te entrego las dos mil pesetas. Asín que tú a las nueve en punto pásate por aquí y vamos juntos.

No resultó. ¿Cómo iba a resultar? A la mañana siguiente ya se le habían olvidado todas las promesas y el juicio siguió su curso. La primera vez no se personó la abogada. La segunda, aunque resultó la abogada, no se presentó un testigo y al Javi no le dejaron ir porque alegaban que no se encontraba en condiciones.

—A ustedes lo que les pasa es que no quieren que le vea el juez, porque es digno de lástima tener a un chico en semejante estado en la cárcel. Nada más verlo te entra pena.

De cara estaba decente. Era el cuerpo lo que le funcionaba fatal. Me dolía mucho reconocerlo, pero entonces pensaba que más le valía morirse. El día que se levante y se vea en el espejo, pensaba, este chico se quita la vida. Era un hombre inútil con veintitrés años. Una pena negra.

NUEVA YORK

Las despedidas

Algunos delfines de semana me acercaba a las oficinas que atendía en la glorieta de Atocha para escaparme de mi familia. Allí guardaba seis cajas de quesitos, una botella de aceite de dos litros y un paquete de galletas. Asín, cuando me daba el hambre, tenía preparada la despensa. Aprovechaba la calma del domingo para darme un bañito porque tenían en el cuarto de aseo una piscina de piedra mármol, de esas con chorros de burbujas, que era una bendición del cielo. Te metías y parecía que te flotase todo el organismo en la espuma. Cosa linda de veras. Te dejaba totalmente esterilizada.

En esas oficinas sí que trabajaba al gusto. Hacía las cosas a mi aire y me las reconocían. Cuando entré tenían unas sillas de madera llenas de churretes de pintura, de cuando arreglaron los techos, y enseguida me puse al tajo. Les llevé jabón del que hacía en casa con sosa caótica. Como gastaba freidora, el aceite que sobraba lo iba almacenando en un bote de mermelada. Luego compraba un saquito de sosa caótica y otro del azulillo ese que se le echa a la ropa para almidonarla y lo cocía todo junto. Venga de moverlo, venga de moverlo y luego a dejarlo enfriar y a recortarlo. Me enredé con las sillas, frotándolas bien con el jabón, y se quedaron tan blancas.

—Te pelo y te he pelado.

Con el estropajo verde imagínate cómo se quedarían. Parecía que les había quitado la cáscara.

Era otro ambiente distinto del de casa. Eran gente de profesiones libertarias que me hacían decir anuncios y me sacaban fotos y vídeos para la televisión. Lo pasábamos una cosa mala. Había dos jefes, dos secretarias y un montón de gente que venía de visita. El que más, un mensajero que, cada vez que traía un paquete, se colgaba del teléfono una cosa mala. Como uno de los jefes hablaba en francés cosa linda, le dieron un premio y se marchaba a América, en vuelo chándal, a estudiar un curso póster. Andaba la mar de alegre.

—Cándida, te podías animar y venirte a trabajar para mí.

—¡Uy, sí!

No lo tomé en consideración en ese momento, pero, durante los días venideros, iba yo rumiando la oferta en mi interior. Tanto, que delante del escaparate de una ferretería de la calle Bravo Murillo, a la que acudí en busca de la goma de la olla, me paré a pensar: «¿Qué vida tienes tú, Cándida?»

Es que sinceramente yo estaba de repartidora. Ni más ni menos. Sólo que de repartirles paquetes de comida a mis hijos. Primeramente a la Nati, a la Puri y al Teodosio. Luego aparecía el otro pidiendo que le diera algo de arroz para el perro y yo le decía que no, que para comer él lo que quisiese, pero que para el perro vendían cosas baratas en la casquería, los cuellos y todo eso, y no iba a darle yo el arroz. La vecina de al lado también se acercaba muchas veces a ver si tenía un paquete de garbanzos y otra, que también alimentaba nueve bocas, me sacaba de vez en cuando un kilo de judías, de lentejas o de lo que fuera. A ver: todos sabían que a la Cándida le daban subsidios. En Santa Gema me daban dos litros de leche, un paquete de macarrones y un paquetito de galletas al mes. Tenían mi ficha hecha porque aporté la fotocopia del carné y me cogieron. Cuando lo nesecitaba iba y cuando no, pues me acercaba por mis hijos. Francamente, porque como ellos no podían ir, me personaba yo. En la parroquia de mi barrio me daban una garrafa de aceite de dos litros, una caja de galletas de vainilla surtidas, dos paquetes de canelones, un kilo de lentejas, dos de arroz, uno de garbanzos, medio kilo de harina, azúcar y fideos. En la iglesia me entregaban un vale y luego en Caritas se recogía la comida. En el vale iba el nombre de mi marido porque me lo concedieron en vida de él. En la parroquia ya sabían que estaba muerto, pero, como conocían mi situación personal me seguían dando las ayudas. Conque un martes del mes de octubre me llegué temprano a la oficina, me senté en el sillón del señorito a esperarle y, cuando llegó, me alcé del sitio para darle la noticia:

—Julián, ¿has cogido el dinero del tabaco?

—¿Qué dices, Cándida? ¿Estás dormida?

—¡Ay, perdón! Mira, que me voy contigo a Nueva York. Para pulgas, las que me dejo detrás.

* * *

Me dijo la vecina:

—¡Qué guapa estás, Cándida!

—Pues sí, muchas gracias.

—Pero, ¿de verdad que te vas?

—Sí.

—¿Será posible?... ¿Y esto cómo es? ¿Es un premio que te han dado?

—No, no. Me han convidado y me marcho.

—¡Ay, hija mía, qué suerte que tienes! ¡Cualquiera!

El señor del pan bajo el brazo que se sentaba siempre en el banco frente al portal no quitaba ojo y ya por fin se decidió a hilvanar palabras:

—¿Adónde va, al baile?

—No, a Nueva York.

—¡Bueno! ¡Qué me dice!

—Lo que oye. Me cojo en América un año selvático.

—Pues que tenga muy buen viaje.

Y el de la peluquería lo mismo. Le dije que cortara, sacara puntas e hiciese lo que quisiera, que desde que me eché la permanente en Martos no había vuelto a pisar un local. Digo:

—Haz lo que tengas que hacer, pero que quede bien. Por el sueldo no te preocupes, que esta semana no hay ni paquete de tabaco para el Julián, ni chándal nuevo para el Javi.

Y él:

—¡Ay, Cándida! Ya me contarás cuando vuelvas.

—Ya te contaré cuando vuelva, si me da tiempo a volver.

De vuelta a casa me encuentro a la del quinto y se me queda mirando un buen rato.

—Perdone, señora, ¿es usted nueva en la torre?... ¡Ay, pero si es la Cándida personificada!

—Claro que soy yo.

—Hay que ver lo que cambian las personas, hija mía de mi alma, no te conocía.

—No me extraña: he ido a la peluquería y se ha cortado el pelo la novia del rebelde.

—Sí que es verdad.

—Ya te digo. De ahora para adelante, en lugar de comprar fruta me voy a ir a la peluquería.

—Eso es como todo. Es que cuando se arregla una persona no parece la misma.

Digo:

—Tampoco te pases. A ver si resulta que antes yo te recordaba a un cerdo de botas negras.

Mis hijos me dijeron que qué suerte tenía, que esto ocurría una vez en la vida, pero que mejor me quedase. La Puri se puso:

—Es que yo tengo mucha ilusión de que te vayas, ¿eh?, pero como mi marido no se quiere quedar con el Julián te tienes que quedar tú a cuidarle.

—Hombre, dile al Bonifacio que muchas gracias de mi parte.

—Es que le da miedo que pueda hacerles algo a los niños.

—Mira qué casualidad más grande.

—Es que el Bonifacio es el que manda y si ha dicho que no, tú comprenderás. Mama, no te enfades. Te quedas y listo.

—Muchas gracias, no te preocupes. O sea, que cuando queréis ir al baile llamáis al Julián para que se quede gratis en vuestra casa vigilando a los niños y, entonces, no les hace nada. Entonces no le teméis. Pero ahora que tu madre quiere disfrutar un poco de la vida, el Julián se va a comer a mis nietos. Muy agradecida de haberos conocido.

Les di las gracias porque desde la primera hora me dijeron que sí, que sí y luego, en el crítico minuto, les daba miedo. ¡El Julián!, que es más manso que un cordero. Hombre, miedo da, porque se te queda mirando fijo, pero a los chiquillos les gustaba mucho. La Anastasia le quería una cosa mala. A todas horas estaba:

—Uyán, Uyán.

No quería más que estar en lo alto del Julián. Pues ya ves. Menos mal que mi chico se entendía la mar de bien con la Nati y se marchó a la parcela. Me acerqué a tomar café con ellos y me lo dijo mi hija:

—No te preocupes, mama, que se viene aquí. Aquí come, desayuna y merienda ideal y luego que se vaya a dormir a tu casa.

—Vale. Y si tú te quieres quedar a dormir, te echas en el sillón, que se duerme divinamente.

Dicho y hecho. Corté la llave secreta del gas que tenía en la terraza y la luz también. Le solicité a mi Mariano que se bajara a echar un vistazo de vez en cuando y monté en un taxi camino del aeropuerto.

Desde la ventanilla veía la ciudad de un modo diferente, como nunca antes la había observado. Me había pasado la vida mirando al suelo y, de pronto, me sorprendí descubriendo los tejados, con esculturas encima de los techos. Me sentía libre. Me dijo el taxista:

—¿Es usted casada?

—¿Yo? Casarse es la desgracia más grande que le puede pasar a uno. Se está mucho mejor suelta, porque no tienes ni reis, ni roque, ni perrillo que te ladre. Yo me casé y la cagué. Eso es verdad. Con lo a gusto que se vive sola... Si yo estuviera con mi marido, no estaría en este taxi. Bueno, ése no me hubiera dejado pasar ni de la puerta de la calle.

Venía el avión cargado de gente hasta los topes. A mi lado se sentó un señor calvo con un bigote que parecía un chorro de hormigas cojas. Tenía cara de millonario, como el presentador del concurso de la tele. ¡Madre mía, cuánta gente viajaba! Todos amarrados con el cinto al banco. De allí no se escapaba nadie. Digo:

—Ahora vamos bien. Lo malo es cuando suba para arriba.

Dice una señora:

—Si no hay problema.

—Entonces, yo tranquila, como Gila. Yo, como estoy asegurada, que llevo la cartilla del seguro en el bolso, voy relajada.

Me llevaba todos los carneses que tenía. El del ayuntamiento, que era el billete de transportes de pensionista, uno que era para poder ir a comer a don Ramón de la Cruz y el de la residencia de San Blas que te dan para el recreo. Era una cartulina que pertenecía a los que no tenían posibles, y con ella podías ir a la peluquería o al callista o a alguna cosa. El de comer lo utilizaba mucho en vida de mi marido. Cuando estaba en Jorge Juan sirviendo, me esperaba mi marido en don Ramón de la Cruz y allí comíamos entre los dos. Era un comedor que valía trescientas treinta y cinco. Por setecientas cincuenta comíamos la pareja. Echa las cuentas. Era un invento para jubilados y, como mi marido lo estaba, por mediación de él me la hicieron a mí. Igualito que el que tenía de la Renfe, que, al ser mayor de sesenta años, me descontaban el catorce por ciento en todos los trayectos. Lo utilicé muchas veces para ir a ver a la Anastasia a El Escorial y para buscar vivienda en Cercedilla y Los Molinos. El de San Blas lo conseguí ajuntando dos fotografías y me hicieron socia del club residencia de la edad tercera. Cuando quería, podía ir a desayunar allí por ciento veinticinco pesetas y tenía derecho al baile de los miércoles. Los veranos organizaban excursiones en autocar y una vez me fui con mi marido a un pueblo de la sierra. Me llevé filetes empanados, pimientos, tortilla de patatas y chuletas. Lo pasamos divinamente sentados en el verde de la pradera viendo pasar a la gente. Duró un día y ésa, además de la semana que estuve empapelando en Alba de Tormes, había sido la única excursión de mi vida.

Las alas del avión iban meciéndose asín, unas alas grandísimas que decían que medían dos metros y medio, mientras que la señorita que atendía señalaba para todos los lados. Al principio no se la entendía nada, pero luego ya sí. Nos explicó que llevábamos un paracaídas flotador debajo de la silla, por si caíamos al mar que no nos ahogásemos. Decía que se podían inflar, que eran inflamatorios. El que tuviera los pulmones en buenas condiciones, bien, pero el que no, ya me contarás. Luego anunciaba que iba a salir una máscara, pero la máscara no llegó a salir y nos quedamos con las ganas de ver la máscara. Venga de hablar. Un rollo larguísimo, pero cualquiera se escapaba con el cinturón ése. Si hubiera habido que levantarse para una emergencia, se hubiera marchado uno con todo el asiento pegado.

A mí me tocó al lado de la ventanilla y me iba enterando de todo. Miraba las nubes y observaba el mundo entero. De primeras me creí que las nubes eran campos de hielo. Parecían algodón enteramente y, como yo me pensaba que las nubes eran de espuma, no asocié hasta que me dijeron:

—Son las nubes.

Y ya caí en la cuenta:

—¡Pero bueno! ¿Cómo que vamos por encima del cielo? Madre mía de mi alma.

Luego empecé a verlo todo azul, azul, y me pensé que sería el firmamento.

—No, señora Cándida, eso es el mar.

Vamos a ver. Me dejaron tentetiesa. Era de cajón: si las nubes estaban abajo, lo más lógico era pensar que más abajo estaría el cielo. Yo me figuraba que estábamos viajando del revés y lo que pasaba es que no entendía nada porque iba de turista y me lo tenían que ir explicando.

Se veía como un mapa. Las casitas cada una de un color y cuadraditos negros que eran las sombras de las nubes. Pero, cuando estábamos arriba, no veas qué miedo. Se veían hormigas. Y el ala venga a moverse. Al aparcar en Nueva York, un ala se juntó con la otra y luego pusieron un puente para bajar el equipaje con unos vagones.

Durante todo el trayecto fui con muchas ganas de orinar, francamente aguantada y a punto de reventar por las necesidades perentorias de ir al baño. Me insistían:

—Cándida, ¿no se levanta usted al servicio?

—No, gracias. Me estoy aquí quieta.

Y no creas que no llevaba nesecidad. La razón era distinta. No me levantaba porque no me fueran a quitar el asiento. Como había montado de las primeras, me había cogido una butaca estupenda, con asiento rechinable y que daba a la ventana. Total que pensé: «Éstos quieren que me levante para birlarme el sitio. A ver si vuelvo y me tengo que quedar depieses. Déjate, déjate, que a la Cándida todavía le funciona bien el bulbo raquítico.»

Viajaba rodeada de fumadores. Uno a la derecha y otro detrás. Entre la espalda y la pared, totalmente prisionera del humo. Por ello quería abrir la ventanilla y no había manera. Cada vez que intentaba abrirla, se me cerraba la persiana. Luego se quitaba la luz. Una cosa mala. Y el hombre de al lado, cuando apagaba un pitillo, se encendía otro. Venga de lanzar señales de humo. Tenía un cabezón enorme y, cuando echaron la película, no pude enterarme de nada porque, entre la calva, el bigote y el humo, tapaban toda la pantalla.

Pasaron un carrito con bebidas. Me animé y pedí una cerveza. ¡Qué asco! Sabía a meado de burra recién puesto. Yo no sé cómo le puede gustar eso a la gente. A continuación vino la comida en bandeja. Salía un humo delicioso que despertaba ganas de tener apetito. Me froté las manos y destapé el plato, que venía protegido con el papel del chocolate. Casi me da un sínodo. No podía dar crédito a mis propios ojos. Me habían colocado un plato lleno de cabezas de hormiga nadando en una salsa. Levanté el brazo y le pedí explicaciones a la señorita asistenta:

—Disculpe los erróneos: ¿esto qué es lo que es?

—Sopa de cangrejo con caviar, señora.

Me armé de valor y le hinqué la cuchara. El caso es que no sabía tan mal. El cangrejo estaba muy bueno y, lo otro, asín asín. Son tantas cosas las que hay que probar que no le da tiempo a una a probarlas todas... A ver, eso no lo había probado nunca pero, por ejemplo, el kiwi sí que lo había comido. A la Puri le gustaba mucho y siempre que iba al mercado se los traía porque los compraba pochos por doscientas pesetas. El Javi cogía y se los metía en el bolsillo y cuando iba yo a echar mano le preguntaba:

—Javi, ¿dónde los has puesto?

—Me los he comido, mama.

Se metía el chico en la habitación con una cucharita y se los zampaba todos.

—¿Tú para qué los querías, mama, si tú no te los comes? Se iban a echar a perder.

Viviendo a tutiplén

Lo mío con Nueva York fue amor a primera vista. A mí, Cándida Villar Vera, nacida en Martos, donde con poquito estamos hartos, la vida me había enseñado muy clarito lo que yo pintaba en este planeta: menos que un cerdo a la izquierda. Trabajar de asistenta en cienes de casas, sacando brillo con los pelos del cepillo, era todo mi bagaje, pero, aun asín, yo era consciente de que, de tonta, no tenía ni las raspas. Hay que pelear para conseguirlo, y yo llevaba un buen rato faenando en la vida. Si no, ¿de qué me veía volando por los aires y disfrutando de mis primeras vacaciones reales en sesenta y pico de años? Cuando pensaba que, después de haberme quedado en tantas otras ocasiones muy cerca, iba a conocer por fin el mar, se me saltaban las lágrimas. Unos lagrimones tan grandes que tenía que recogerlos al vuelo con los puños para no salpicar a los acompañantes.

Atrás quedaban mis ocho hijos. Los ocho que había tenido, a razón de uno cada dos años. De dos en dos, como las madalenas de los bares. Ocho hijos que jamás habían tenido el detalle de echarme una mano al cuello. Igualitos que los del refrán popular de cría cuerdos. Por eso Nueva York me sentó tan bien y, nada más salir del túnel del avión al aeropuerto, besé el suelo como el Santo Padre. Era de piedra mármol y brillaba que daba gusto.

Nos instalamos en una casita junto a un lago. Había patos salvajes, ciervos salvajes y peces salvajes. Allí todo era silvestre. Incluso los pavos, que pesaban veinte kilos y corrían entre los arbustos. Al principio pensé que las ardillas eran monos, porque no había visto cosa más linda en la vida. Se sentaban y se ponían a comer igual que los chimpancés, todas juntas. ¡Era algo significativo! Los señores salían a sus labores y yo quedaba al mando de la casa. Me encargaba de preparar los almuerzos y de recortar la pradera. A la ciudad se llegaba en un par de horas en tren. La vía transcurría a lo largo de un mar con forma de río que llamaban Jadson y al que bordeaban bosques cuajados de alimañas. A mí me llevaron un par de veces. En los dos sitios encontré buena gente, pero en el pueblo eran más cariñosos que en la ciudad. En Nueva York vivían como los garbanzos. Había de todo, como en botica: mulatos, negros, japoneses, indios y gentes sin identificar. Ahora, eso sí, a los perritos calientes les echaban más sustancia. En España hacen un agujero y al final es todo masa, pero en Nueva York la gracia consistía en que te los daban abiertos y estaban riquísimos. Yo no me hartaba.

Desde el pueblo te plantabas en la estación central en un par de horas y sin hacer transbordo. El vestíbulo era todo de fantasía. Unos techos altos altos, que parecía imposible que alguien se hubiese animado a subir a colocar las tejas. Las paredes decoradas con pinturas anticuadas como las que salen en las fotos de los puzzles. Y venga de garitas de teléfonos por todas partes con gente que no paraba de llamar. Colgaba uno y ya descolgaba el otro. ¡Madre mía, la cuenta telefónica que debe de pagar la Renfe americana!

Al salir a la ciudad llamaban la atención los taxis pintados de amarillo y las personas desayunando en las escaleras de la biblioteca nacional. Señores de corbata, con su traje de chaqueta y, al lugar de los zapatos, alpargatas de cordones, se metían para el cuerpo unos submarinos de barra de pan rellenos de pollo trufado, queso y ensalada campera. Una cosa mala. Las mujeres lo mismo. Asín de falda pantalón, pero con playeras deportivas blancas.

—Mira, al menos aquí no gastan en callista.

A la estatua de Nueva York, una monja con corona de espinas que sujeta un cucurucho de vainilla en lo alto, la observé al natural desde la bahía del muelle. Bueno, la vi medio medio, porque la emoción me nubló la visibilidad atmosférica. Ya te digo. ¿Cómo no iba a llorar? En ese preciso instante, la Cándida estaba por vez primera frente al mar. Y tuve mucha suerte, porque me pilló un día con el océano a tope de agua. Menos mal, porque recuerdo haber visto fotos con el mar casi vacío. Películas de misterio en las que se veía la gente encima de la rocalla y el agua abajo, muy lejos. Bueno, empujaban a uno con el coche y perdía el conocimiento, o sea que... Pero a mí me sonrió la fortuna. Se conoce que, por la cantidad de lluvia que descargó en trombas durante el otoño en América, me tocó conocerlo con el nivel del agua bien alto. Llegaba el agua prácticamente hasta la orilla. Una cosa mala. Si caen dos gotas más, se desborda y me veo enrolada en el arca de Nerón con todas las parejas de animales. ¡La mar salada! Fíjate si no nos sobrará agua alrededor de la peñíscola ibérica y tuve que descubrir el Mediterráneo en América, como Cristóbal Colombo. Asín es. A primera vista, el océano se me antojó más misterioso de lo que me había figurado. Los americanos tenían un barco antiguo aparcado en la misma acera del mar y, con la estatua libertadora al fondo, los tres elementos resultaban altamente decorativos. Algo digno de ver.

También visité la catedral: San Patricio, el santo que sacaba a las puertas del quicio. Era una iglesia al estilo de la que hay por Cuatro Caminos. Una cosa asín. San Patricio tenía humedades por dentro, se conoce que de la antigüedad, y las ventanas llevaban sus propios dibujos incrustados.

Todo lo que salía en las películas lo íbamos contemplando nosotros. Los museos, los rascacielos, el parque con el estanque... Había edificios en blanco, en rosa, en marrón y en azul. De todos los colores e, incluso, algunos de cristal que reflejaban a los de enfrente en las fachadas, haciendo cuadritos negros. Precioso. Ahora, lo que más se estilaba eran las casas pintadas de blanco, con los tejados en verde y las ventanas en marrón. Francamente bonitas. Y muy duraderas. Ya tiene que ser antigua Nueva York, ya.

Subimos al rascacielos de Kinkón, el Empire, que era grandísimo y hay que ver la cantidad de pasillos que tenía. Para limpiar tamaño edificio se tiene una que tirar una semana entera a destajo. Pues relucía, y eso que le pegaba el sol. El ascensor tardó menos que un cura en fumarse un cigarro. Eso de subir ochenta pisos era una experiencia totalmente nueva para mí. Lo más alto que había estado hasta la fecha había sido en la azotea de la Torre de Madrid y me parece que eran sólo veinte plantas. Esto era otro concepto. En la terraza del Empire hacía un viento inexpugnable. Me entró la risa:

—Aquí en Nueva York no hace falta secador del pelo.

Desde arriba los coches parecían de plástico. Una sensación fantástica. Se movían todas las baldosas y daba la impresión de que íbamos a salir volando. Si te fijabas con discreción, se podía observar que los tejados estaban repletos de barriles de agua con tres patas. Se veía una torre muy vieja, casi negra, con un parque al lado, y otra blanca con una vivienda en la cima. Muy bonita. También se distinguía con claridad el puente corredizo y la siluetas de los taxis amarillos. Sobre las nubes se recortaban dos rascacielos casi idénticos que los llamaban las torres mellizas. Eran casi casi iguales. Un poquito más alta la de la izquierda, pero solamente una pizca. La ciudad se divisaba enterita desde el porche del Empire. Bastaba con asomarse, inclinar la cabeza y mirar para abajo. Hacia arriba solamente miré en una ocasión y me atraganté con el caramelo. Casi me ahogo.

Para la segunda visita que hice a la ciudad, instalaron en el centro un árbol de Navidad que apetecía comérselo. Estaba instalado en una plaza que cogió el nombre del cuervo del José Luis Moreno: Roquefeler. Era un pino muy bonito que presidía una avenida adornada con angelitos de paja que llevaban bombillas blancas del tamaño de una chispa. En el patio habían congelado el suelo y la gente esquiaba sobre patines. Cosa de mencionar. Yo no sé lo que mediría el árbol ése. Miraba para arriba y me mareaba. Por poco se me fue la vista. Nesecitaban un andamio para colgar los adornos.

* * *

En Nueva York empecé a dormir mejor que nunca y se me deshincharon las piernas. Lo notaba yo, que me las tocaba y no me dolían. En eso consistía descansar. Fíjate lo fenomenal que estaría durmiendo que ensoñaba historias en lugar de preocupaciones. Insospechable.

La primera noche que pasé en el lago ensoñé que me cambiaban el piso de Madrid por un estanque en Nueva York. Salía a la calle y me topaba de bruces con una charca inmensa. Me quedaba absurda.

—¡Anda la mar, si esto es petróleo!

Y un señor que pasaba por la acera me replicaba:

—Petróleo no, señora. Es un manantial que tenemos en la zona.

Subía el agua para arriba con una fuerza descomunal y el señor empeñado en cambiarme el estanque por la casa.

—¡Bueno!, menudo negocio.

Hasta que se acerca una señora y me aclara:

—De agua nada. Es que se ha roto la cañería de una fábrica y lo que mana es un chorro de lejía.

Abrí los ojos y me llevé las manos a la cabeza:

—Bendito sea el Señor. ¿Cómo es posible que haya tenido un sueño tan tonto?

Cuando duermo a gusto no me da nada más que por ensoñar tonterías.

Del que más me acordaba era del Julián. A lo menos le tenía mi sobrina controlado y le cortaba las uñas, le afeitaba y le lavaba. Le tenía asustadito.

—¡Eres un puerco, eres un guarro! ¡Vete a lavar ahora mismo!

Y él, obediente, lo hacía. Algunas veces se cabrearía pero, como estaba yo en Nueva York, no le quedaba más remedio. Su prima le metía en la bañera y le dejaba más pelado que a una cebolla. Hasta que no se quedaba pelado no salía. Hablé una vez con él por teléfono desde la casa del lago. Me puso la señora una conferencia de largo recorrido y entablamos conversación.

—¿Estás bien?

—Sí, ¿por...?

Usaba esa manera extraña de contestar y, en seguida, se quedaba callado. Tampoco a mí se me ocurría qué comentar, porque resultaba torturoso sonsacarle las palabras. Escuchaba su respiración, rápida y entrecortada, al otro lado del auricular, mientras observaba a través de la gran cristalera de la terraza cómo se iban posando los gansos sobre el agua helada. Eran unos patos grandullones que vivían en el Canadá y se llegaban hasta Nueva York para invernar. Según me explicaron, en el Canadá hace demasiado frío para los pájaros durante las Navidades, ya que el terreno se encuentra situado muy cerca del forro polar arcaico. Los gansos son aves meritorias, que viajan de un destino al otro, y aterrizaban sobre el hielo sin complicaciones aparentes.

—¿Está la Nati contigo?

—No, ¿por...?

De ahí no pasaba. Tan mayor y no era consciente de que no se puede estar colgado tanto tiempo al teléfono cuando te llaman del extranjero, porque si te quieren dar un recado con urgencia das comunicando. Pues no le entraba.

—¿Tienes tabaco?

—Sí, ¿por...?

—Chico, responde un poquito bien.

—Sí, que sí tengo tabaco, mama.

—¿Y has pasado por casa?

—No, ¿por...?

Se quedaba encasquillado.

—Julián, hijo, ¿te enteras de lo que te pregunto o no te enteras?

—¿Por...?

—Por... ¡porque eres un gilipollas, hijo!

Pues cogió, se cabreó, dijo que se iba a meter en la cama y me colgó el teléfono. Me dejó con la palabra en la boca. Al menos pude comprobar que de salud estaba bien. Si le conocía perfectamente: comía como un carretero y algunos días se fumaba hasta tres paquetes de tabaco. Apagaba uno y ya se estaba encendiendo el otro. Una vez, para cronometrarle, le compré un cartón y le duró dos días. ¡Dos días!

—Bueno, ¿es que tienes los bolsillos rotos?

—No, ¿por...?

—Si sólo hace dos días que te lo he comprado.

—¿Y tú para qué me lo has comprado? ¿Para fumármelo? Pues ya me lo he fumado.

Entonces fumaría lo que le diera su hermana. Si le daba paja, paja tendría que fumar.

Mi hija me llamó de vuelta por el teléfono. A cobro revenido.

—Mama, no te vayas a preocupar por el Julián, que le tenemos controlado. Mira, ahora mismo le está dando a la Paula un masaje en los pies.

Luego el chico se echó a llorar diciendo que me echaba de menos. Digo:

—Pero, de verdad, ¿qué tal estás?

—Bien...

Pero me lo dijo con una vocecita de pena que se me encogió el alma. A ver, él estaba acostumbrado a verme nada más llegar a casa, «mama, dame un besito», y me echaba de menos. Natural. Pero también le eché yo de menos el mes que desapareció y se fue andando hasta Almería. Asín que mira: asín apreciaba lo que tenía.

La misiva

Cerca de donde parábamos se encontraba la residencia del presidente Rusvel y una tarde me llevaron a visitarla. El guía era un señor negro muy simpático al que no se le entendía demasiado bien el inglés porque hablaba muy rápido, pero como ya me habían enseñado algunas palabras, le decía a todo que «veri gud» y él se reía.

La casa resultó preciosa y decorada con un gusto exquisito. La entrada era principal, con escalones de ascenso en piedra gómez y faroles de luciérnaga. El comedor muy elegante, con una mesa del tamaño de un estadio, cubierta de mantel y servilletas a juego y con sillas de tipo trono tapizadas con tela de cortinaje. El recibidor se antojaba espacioso y discreto, con perchero-paragüero y una tribuna de madería labrada desde donde despachaba sus mandados el señor presidente. También tenían expuesto el cochecito del niño. Cosa linda de verdad. Las paredes habían sido repasadas con dos manos de pintura plástica al esmalte y la habitación en la que murió Rusvel la habían empapelado con pliegos de flores al estilo del que puse yo en casa de mi hermano, en Alba de Tormes. Los techos aparecían dibujados como las iglesias, con cómics de la Biblia. Los sillones de oreja estaban forrados de terciopelo, un material que da mucha guerra, porque, si no lo repasas con un cepillo suave, al cepillarlo puedes arrancar el pelo. Todo precioso, incluida la chimenea de piedra pulida y la biblioteca, que la habían forrado de madera de formica. Los muebles eran tirando a antiguos y bien conservados. Los jarrones procedían de la China y representaban motivos japoneses y las velas reposaban en candelarios de plata. Las paredes rebosaban de ciervos y cuadros de espejo. Cosa divina. Los suelos eran de parqué plástico, mucho más fáciles de fregar que la baldosa, ¡adónde va a parar! Seguramente pasarían la bayeta todos los días con un chorro de vinagre para que se juntasen las rayas de la madera. Con pasarle el mocho mojado y luego frotar con un trapo seco brillan las tablas como si estuvieran recién puestas. El pasillo, al ser de sintasol, resbalaba a base de bien, y seguramente lo trataban con tubos de cera Hechicera. El castillo era un sitio asín, residencia de personas de mucho asín, útil para hacer películas y todo eso, pero que, a la hora de la limpieza, te tiras lo menos una semana de rodillas. Imagino que alternarían tres días de visita y tres de limpieza. Más o menos. Por ahí, por ahí debía de andar la cosa.

La sorpresa de la jornada me la llevé en el dormitorio nupcial. Las dos camas del matrimonio eran idénticas a las de los señores de Martínez Campos. Asín con todas las pirindolas doradas para arriba. Y además, una de las camas tenía una colcha igual que la que tengo yo en casa con los bordes de flecos. ¡Pero clavadita! La tengo guardada desde que me la regaló una señora porque, como me arrastra, tenía que ponerla doble y no lucía. Es una de estas de hilo pero con los adornos iguales iguales que los del Rusvel. ¿Quién me hubiera dicho a mí que el presidente de América y la Cándida iban a compartir la misma colcha? Inaudito. Si es que al final somos todos iguales. Ricos y pobres, todos acabamos en el mismo sitio: durmiendo en una cama con colcha.

El jardín era descomunal y estaba preparado para jugar al pin-pon de palos largos, con la pradera llena de agujeros para meter las pelotas. Una extensión abismal y verde como la menta. Como la salvia. Como el orégano. Como las toallas del bidé de mi vecina la Paca. Mil tonos de verde mezclados entre sí y al fondo el azul marino del río Jadson. Una maravilla. Parecía un cuadro de Quevedo. Miraras a donde miraras te llamaba todo la atención. Cosa chocante lo bien que vivía el Rusvel ése, y fíjate tú que a mí no me sonaba de nada. Yo del único presidente que había oído hablar era del Kenedi, el que se suicidó en el coche.

Al llegar las Santas Pascuas, en la casa del lago pusimos un abeto pequeño. Fueron a buscarlo a una granja de árboles porque, a lo visto, en esta zona tienen la costumbre de cultivarlos como al perro. O sea, que son árboles domésticos. La señora, como estaba embarazada de un bebé recién nacido, colgó de las ramas una colección de patucos de lana de todos los colores y a mí me hicieron cantar los villancicos. Dije tres seguidos, que les gustaron mucho, aunque no me pidieron repetir ninguno.

Por la noche dejamos junto a la chimenea un calcetín. Se ve que en el extranjero los Reyes Magos no se estilan y que, en su lugar, viene una santa. Una santa que la conocen con el nombre de Claus. No sé si sería carmelita descalza o carmelita calzada porque jamás me enseñaron foto ninguna. Curiosamente, aparecían por todos sitios carteles con la foto del Papá Noel, el viejo rojo de las barbas. Sin embargo, ni le mentaban. A la hora de hablar, todas las conversaciones se las llevaba la santa Claus. Una cosa digna de llamar la atención. Yo me quedaba bizca de un ojo.

—Cándida, ¿es que tú nunca has oído mentar a la santa Claus?

—Yo sólo conozco a la santa María, a la Pinta y a la Niña. Ahora, si iban más barcas en la expedición, ya no puedo comentarlo.

Los señores se meaban de risa.

—No tienes arreglo, Cándida.

Se ponían en la mesita a jugar al mus con los amigos. Repartían las cartas y empezaban:

—Te envidio.

—Yo te envidio más.

—Pues yo te envidio lo que tú me envidias y dos veces más.

—Yo no juego.

—Tampoco juego yo.

—¡Muérdago!

—Quiero el muérdago.

Soltaban la baraja patas arriba y se repartían el montoncillo de monedas que descansaban en medio de la mesa.

—Yo me pido las chicas.

—A mí me tocan las grandes.

—Me cojo las pares.

—Me quedo las nones.

Y asín echaban unos ratos buenísimos, mientras yo les preparaba unas cocretas de doble embozo. Enfriada la bechamel con el pollo y sacada la forma con las cucharillas del café, las embozaba primero en el pan rallado, luego en el huevo y otra vez en el pan. Se quedaban crocantis. Cosa de recomendar. Ellos las agradecían muchísimo.

Como decía, la Nochebuena colgamos de la chimenea unos calcetines gigantescos para que nos metiesen dentro los regalos los Reyes. Los dejamos bien colocaditos, que estuve planchándolos hasta que quedaron curiosos, y aproveché para comentar de ponerles de picar a Sus Majestades unas copas de coñac y unos cigarrillos puros.

—No, Cándida. Aquí se deja un vaso de leche y unas galletitas de chocolate.

—Mira tú qué finos.

Preparé también tronchos de zanahorias para los camellos porque, a lo visto, la santa Claus viene en un todoterreno volante arrastrado por los animales, y nos acostamos. Aquella noche de estrellas me sentí la mujer más dichosa de la tierra. Más feliz que Pinocho. Iban a venir los Reyes y a mí, por primera vez consecutiva, me iban a depositar un paquete. Me acosté deseando que llegase la mañana para pegar un brinco de la cama e ir a recoger la sorpresa. Y la tuve. Ya lo creo que la tuve. Y por partida doble. Llegó un traje de chaqueta, con cuello camisero y manga ranglan, y... la carta de Madrid.

Saltaba a la vista que la correspondencia procedía de España porque traía pegado un sello con el Rey en color naranja. Venía a nombre de los señores, pero indicaba que me la entregaran a mí a la máxima urgencia. Lo ponía en inglés, *air-mail*, que significa «a toda prisa». Hubo que firmarle la autorización al cartero, al tratarse de una carta centrifugada, y pagarle un dinero supletorio, ya que el enviante se había quedado corto en la inversión que realizó en sellos. Puso solamente uno de Juan Carlos I, y para América se conoce que hace falta mandar el retrato de la familia real al completo.

La misiva la mandaba el Javi, que estaba deshecho. Le acababan de caer dos años por el atraco que hizo en casa de su hermana. Noticias negras. Muy negras. No puedo describir la pena que me inundó el cuerpo. Como si estuviese hecha de papel secante y la desgracia fuese un charco, noté como la lástima me iba cogiendo las piernas y me subía por el tronco hasta empaparme toda entera. Caí al sillón como una pirindola. Para cuando pude erguirme, ya había pedido que me adelantasen el mes y ya me habían reservado por teléfono el billete de regreso.

El chico me nesecitaba. Me nesecitaba el Julián. Me nesecitaban todos. ¿Y qué iba a hacer una? Si me nesecitaban, tendría que volver a su lado, digo yo. Era cosa de ver. Lo sentí profundamente por los señores, que se portaron divinamente, y por el baño principal, que se iba a quedar sin una manita de blanco de España en las juntas de los baldosines. Estaba el producto recién comprado y, al salir precipitadamente, se quedó, sin estrenar, en el poyete de la bañera. Ya ves tú qué pena.

Me dolió de verdad porque, por extraño que parezca, la Cándida en América se había hecho un hueco. Una ilusión grandísima, pero no era menos cierto que la gallina, aunque se hubiese marchado del corral, seguía pensando en sus polluelos durante la noche. Ése era mi destino, permanecer junto a los míos, y me resignaba a continuarlo. Desde entonces, no te creas, han pasado muchas cosas. ¡Tantas! Ha habido bajas y altas en el parte de incidencias familiares. Sin embargo, tengo claro que, en ese punto de mi vida, quiero colgar el letrero de «fin» a mi historia. Demasiado he contado ya. Además, deseo que en mi última foto me recuerden alegre, dando de comer en mis manos a las ardillas de Nueva York, que son especias muy características. Asín no me tendrán que guardar lástima. ¡Ah!, y si alguien se conmoviera imaginando algunas de las escenas difíciles que me ha tocado interpretar en esta tierra, espero que, como yo, encuentre consuelo en la frase que mi hijo el Mariano solía pronunciarme en los momentos de extrema angustia:

—Tranquila, mama, que eso es como todo.